中德“环境教育”国际科研项目

应对气候变化

——探索生活中的节能减排

（小学篇）

周卫萍 管庆生 等◎著

气象出版社
China Meteorological Press

图书在版编目（CIP）数据

应对气候变化 : 探索生活中的节能减排. 小学篇 / 周卫萍等著. -- 北京 : 气象出版社, 2019.3
ISBN 978-7-5029-6945-5

Ⅰ. ①应… Ⅱ. ①周… ②管… Ⅲ. ①气候变化－环境教育－小学－课外读物 Ⅳ. ①G624.63

中国版本图书馆 CIP 数据核字 (2019) 第 047723 号

Yingdui Qihou Bianhua—Tansuo Shenghuo zhong de Jieneng Jianpai (Xiaoxue Pian)

应对气候变化——探索生活中的节能减排（小学篇）

周卫萍　管庆生　等著

出版发行：气象出版社
地　　址：北京市海淀区中关村南大街 46 号　　邮政编码：100081
电　　话：010-68407112（总编室）　010-68408042（发行部）
网　　址：http://www.qxcbs.com　　E-mail：qxcbs@cma.gov.cn
责任编辑：邵　华　　终　　审：张　斌
责任校对：王丽梅　　责任技编：赵相宁
封面设计：符　赋
印　　刷：三河市君旺印务有限公司
开　　本：787mm×1092mm　1/16　　印　　张：9
字　　数：214 千字
版　　次：2019 年 3 月第 1 版　　印　　次：2019 年 3 月第 1 次印刷
定　　价：29.80 元

《应对气候变化——探索生活中的节能减排（小学篇）》编委会

序言

由德国经济合作发展部资助推进的、中德四家单位（中国上海市师资培训中心、中国浙江省中小学教师与教育行政干部培训中心、德国帕绍大学、德国汉斯·赛德尔基金会）通力合作、落地实施、为期三年（2015 年 1 月—2017 年 12 月）的“环境教育”国际研发项目，全面见证了 21 世纪教育国际化、多元化、合作化的趋势。

该项目运行的主要方式和内容，包括由沪浙两地领衔开发小学环保课程、教材资源，并将相关的成果全面融入各基地学校的环境教育课程实践；围绕 “环保课程开发”的教师培训课程研发，展开沪浙区域的合作，构建环境教育的区域间乃至国际间的合作框架；在沪浙两地实践、推广、总结的基础上，进一步将成熟有效的方法和成果向云南、青海和新疆等省（自治区）做适应性的辐射。

“环境教育”项目最重要的目的在于，让孩子们了解环境污染与气候变化的关系，帮助他们建立环保意识，鼓励他们积极参与环境保护，也进而由孩子到家长再到社会，提高整个社会的环保觉悟。因此，相关的“环境教育”课程研发，着重以小学生为目标对象、以小学教育工作者为课程研发与实践主体，秉承可持续发展教育的理念，通过在基地小学中开展环境教育相关试点工作，探索、实践、总结、完善相关的课程与课件。德国帕绍大学汉森教授的专家团队为中德“环境教育”国际研发项目提供的“环境教育模块建构图—胜任力模型”，具有启发性，为参与项目的基地小学开展环境教育提供了一种全新的课程设计思路和教学模式，是该项目的理论基础。

“环境教育模块建构图—胜任力模型”（图 1）是由三个同心圆组成的。内圆表示与环境教育相关的 10 个“主题内容”，其中 M9/10 为地域性特色模块，遵循“地域性特色”是一个普遍性的要求，因为只有把当地典型的环境问题展示出来，才会引起学生对真实环境问题的关注，同时可以让学生“看到”“听到”，能够“感觉”和“体验”。当然，“地域性特色”也可以指选择的主题内容不在上述范围之内，而是当地特有的环境问题或现象。中圈表示 8 种“胜任力”，外围的圆圈是 8 项“方法与媒介”，内圈 10 个待研发的环境

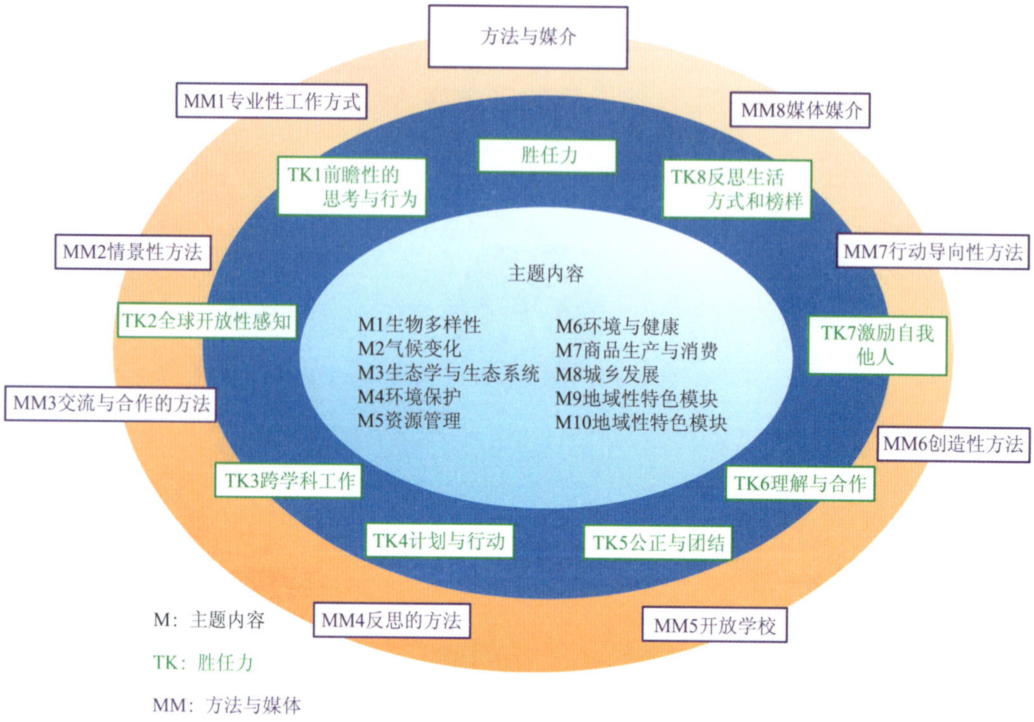

图 1　环境教育模块建构图—胜任力模型

教育“主题内容”需运用外圈上一定的“方法与媒介”，并涵盖了“环境教育”所要实现的中圈的“胜任力”。

参与项目的中方专家和基地小学教师们对“环境教育模块建构图”及其理论内涵进行了多次的讨论，最终将课程开发依据定义为“胜任力模型”。因此，“环境教育模块建构图”也可称为“胜任力模型”。“胜任力模型”提供了设计环境教育的一种思路，是引导教师从课程理论的高度来设计环境教育的教学单元。“胜任力模型”中的三个圆圈是互相联系的：“主题内容”是环境教育系统中的“输入”，而“胜任力”是环境教育系统中的“输出”，“方法与媒介”是实现环境教育的手段与过程。在环境教育实施过程中，内容的输入是为了培育学生的“胜任力”，也可以理解为“胜任力”是环境教育的目标。参与项目的一些基地学校教师反思过去进行的环境教育，存在着注重环境知识的传授，而忽视“胜任力”培育的倾向，在教育形式上也偏重于课堂教学中的讲授，而忽视课外实践和社会体验活动的开展。

对于参与项目学校的教师来说，“胜任力”是一个新的概念，这一个概念近几年来也引起中国教育专家们的重视。由上海市教育委员会主办的《上海教育》杂志（2016 年 10 月出版）已有专家撰文介绍了经济合作与发展组织（OECD）计划在 2018 年的国际学生评估项目测试（PISA）中增加“全球胜任力”（Global Competence) 的测试。全球胜任力被定义为“从多个角度批判地分析全球和跨文化议题的能力；理解差异是如何影响观念、判断以及对自我和他人的认知的能力；在尊重人类尊严的基础上，与不同背景的他人进行开放、适宜、有效活动的能力”。作为全球性的环境问题，也需要我们培养学生具备国际化的视野、前瞻性的思维、跨学科的能力以及能够与不同文化背景的人们一起保护我们共同的地球家园。

中德“环境教育”国际科研合作项目基于可持续发展理念和行为导向性课堂理论，围绕“胜任力”培养展开了基地学校环境教育课程研发，聚焦教学活动设计的探索。学生的学程与教师的教程具有对应而互动特点。但对具体教学活动的设计，主张教为学服务，并且要聚焦于学习目标即胜任力的达成。其中需要强调的是过程中每一个环节的互动。环境教育模块课程的研发中特别关注教学活动设计中“教与学的互动”。

首先，提倡全程设计，整体回应课程胜任力目标。全程设计的内容涵盖主题单元设计和单个的活动设计两个方面。根据相关规范指标，对环境教育教学设计提出具体要求，在主题单元教学设计的框架下具体落实每个活动的目标任务，需要针对目标导向有比较完整的流程设计。其次，活动任务单是学生学习活动顺利有效开展所提供指导性的设计，能更好地开展学生的自主性活动。一般有四点明确要求：任务、要求、实践和检验。在具体设计中，可以按“项目长作业”的形式，提供一些参考资料或网络的资源平台。对评价环节，可以组织交流展示形式进行。

从 2015 年 3 月开始，在近两年半的时间里，在沪浙两地的师资培训中心项目组和中德专家团队全面、科学的规划、培训、指导下，沪浙 20 所基地小学如火如荼地进行“环境教育”课程研发、教师培训、课堂实践与交流研讨等活动，收获了丰硕的成果。

中德专家团队与沪浙两地项目组，在项目的规划、执行、评估、总结、提高的过程中，各自发挥了极其重要的作用。其中，中德专家围绕德国帕绍大学专家团队提供的课程框架，进行“环境教育”十大课程模块的建构，包括各个主题及活动的系统与逻辑的阐述、行为导向性教学方法和胜任力模型的解读，并在沪浙两地多次举办阶段性的专项研讨、专题培训活动。上海市师资培训中心的项目组，为了让中方专家和各基地校教师更好地理解德方提供的环境教育专业资料和理论架构，结合国内环境教育的需要和实际，用通俗易懂、符合本地思维与习惯的方式，编译了《中德“环境教育”项目指导手册》《中德“环境教育”项目模块研发目录》等专业资料。

在各单位及专家的大力帮助与专业指导下，上海十所基地学校围绕其中六个“环境教育”课程模块，顺利地完成了主题分工、框架目录设计、评估问卷调查、项目研发指导、主题内容研发与教学资料编撰等工作。

此次中德“环境教育”国际研发项目，通过国际合作，在“学生核心素养”“学校课程发展”以及“教师专业发展”等方面，展开了有益探索与教学创新。合作研发的成果——小学环境教育课程具有先进的环境与教学理念、完整可行的设计框架，而德国帕绍大学为课程研发提供的系统化框架、实践性内容、贯穿始终的学术指导与评估体系，更为项目在本地的环境教育实践中落地开花结果打下了坚实的基础。事实上，此次“环境教育”课程的研发，不是采用传统的“拿来主义”——直接简单地引入德方成熟的课程内容与教材，而是在德方专家的指导下，运用德国环境教育方面先进的课程建设理念、教学理念与教学方法，在沪浙两地基地小学已有环境教育实践基础上，注重学生综合素质的培养以及可持续发展所需价值观、行为方式以及生活方式的养成，科学系统地研发本地环境教育的新课程、新课件。参加项目的单位、专家和老师一致认为，科学系统的教育将对个人和社会发展产生深远的影响，而更好的教育以及在教育中获得更好理解复杂关系的能力，可以使民众的行为发生长期的改变。因此，可持续发展所需的教学实践——以未来为导向的综合能力和行为方式培养，必将成为教育的一个核心任务。

参与项目的各基地校教师们在学习国外先进的环境与教学理念、科学的课程架构同时，努力尝试在此类“综合性”课程中植入“育人价值”、培养“胜任力”。由此，有效地促进了各位教师积极思考，努力提高，主动追求“通课程、善教学、会研究”的更高职业发展目标。

通过在项目执行过程中的广泛协作和不断探索、完善，构建的多方合作长效机制成为了此次项目的又一个可喜成果。中德合作双方、各基地学校和各实践基地、中外专家、各校教师等，在合作开发课程的过程中，打破各种壁垒、协作探索、戮力创新，形成了亲密无间、合作共赢的协作关系。相信合作各方未来在专业领域和人文方面的持续协力，必将进一步裨益项目的深化与发展。而未来在“环境教育“研发项目的成果推广中，继续鼓励和发展这样的合作精神，在上海、长三角地区、西部地区乃至全国范围，建设“环境教育”的宣传展示、合作交流平台，必将对“环境教育”的深化和推广起到积极的辐射、分享、示范、引领作用。

此次汇编的“环境教育”课程手册，是中德“环境教育”国际研发项目的经验汇总和成果总结。它的顺利发布，正如中德“环境教育”国际研发项目成功实施一样，离不开沪浙 20 所基地学校校长的大力支持以及各基地学校教师、学生的积极参与和创新探索，得到了中外专家和专业单位的精心指导与帮助。在此，我们特别感谢长期从事环境教育的、原上海市教育委员会教学研究室副主任赵才欣老师和华东师范大学陈胜庆教授！作为项目长期指导专家，他们定期走访基地学校，根据帕绍大学提供的理论系统框架、专业内容以及评估标准，针对性地举办各种指导、研讨和实践活动，有效地保障了项目的进展、保证了课程研发的质量。我们也对德国帕绍大学教育学院基础教育教学法系在项目研发与实操过程中给予的全面而细致的指导和评估，表示衷心的感谢！同时，我们也非常感谢华东师范大学、上海市教育委员会教学研究室、浙江外国语大学、上海市气象局、上海市辐射监督站、中国南北极研究所以及相关区学生活动中心等专业机构、科普中心及其有关专家，你们对各基地学校课程研发与教学实践活动给予的专业指导、场地支持以及各种无私帮助，让我们感念在心！

通过此次中德“环境教育”国际研发项目的合作，我们更加坚定地相信，从长远来看，在长三角地区构建以“环境教育”课程研发为契机的教育合作环境，不仅通过“环境保护”的具体课程教育育人，也将为环境保护教育乃至可持续发展教育打开了一扇通向未来之门。在大家共同的努力下，“环境教育”课程的研发与地区间的协作，将会获得更广泛的关注和更健康的发展。中国生态环境的保护呼唤更多人的关心和担当！

上海市师资培训中心
2017 年 6 月

践行环境教育理论　培养学生环保意识

上海市普陀区恒德小学

恒德小学地处上海市普陀区桃浦镇，创建于1998年8月，是一所在全国颇有影响力的气象科普特色学校。“学校存在的价值在于教育，教育存在的价值在于育人”，学校坚持“为每一个学生的生命成长奠基”的办学使命和“自主学习、和谐发展、奠基人生”的办学理念，倾心培育“有恒心、有德性、善学习、能创新”的恒德学子，全力营造“恒为贵，德润身”的学校文化，把“绿色·生态”与可持续发展教育结合起来，力求恒德的人和事都散发出育人的魅力，让学生在创意绿园中体验成长的快乐，为终身发展播下一颗颗生态的种子。

恒德小学正门

恒德小学校园一角

“奇幻蘑力屋”社团合影

“物候菜园”社团成员探究植物生长

恒德小学先后获得“联合国教科文组织可持续发展教育 ESD 项目示范学校”“全国节能减排与可持续发展社会行动项目示范学校”“中国中小学气候变化教育行动学校”“全国气象科普教育基地——示范校园气象站”“上海市节水型示范学校”“国际生态学校”

荣获“联合国教科文组织中国可持续发展教育项目国家实验学校”称号

荣获“2016 全国生态文明教育示范学校”称号

荣获“全国气象科普教育基地——示范校园气象站”称号

荣获“国际生态学校”称号

等荣誉称号。

2015年1月，恒德小学有幸参加了由德国经济合作发展部资助推进的、中德四家单位通力合作、落地实施、为期三年（2015年1月—2017年12月）的“环境教育”国际研发项目，并承担了以“生活中的节能减排”为主题的气候变化模块课程的研发。

学校2016年6月成为长三角教师培训课程开发机制研究的基地学校，努力推进教育国际化、现代化，在国际化理念和全球化视野的引领下，深入开发小学“环境教育”课程，探索更多更好的活动载体，为学生参与环境保护提供更大空间，使环境教育渗透到各个学科中，让环境保护落实到每个学生的行动中。同时，学校项目组教师也参与到“环境教育”教师培训课程的开发中，主导“应对气候变化”微课程的打造，积极探索上海市“十三五”教师培训课程的新理念和新形态。

“气候变化”是一个备受关注的环境话题。“气候变化”这个词一直在新闻媒体报道中出现，那么气候变化最显著的表现是什么？这些表现给社会、给生活带来哪些影响？我们在日常生活中可以做些什么？我们可以通过哪些个人的行为，为节能减排做出贡献，并影响周围的人？气候变化的主要问题是因碳排放增加造成全球的气温增高，导致海平面上升，不但威胁沿海和岛屿的居民安全，也导致了气候异常，致使极端气象灾害增加，比如高温、暴雨、大雪、洪涝、干旱等，气象灾害还会引发其他次生灾害，例如泥石流、水灾等等。此外，大气污染也是严重的环境问题，如霾等。

项目组中方专家建议在选择“主题内容”时，既要注意学生在生活中能感受到的气候问题，也要注意通过专业工作方法如调查与收集数据来证实气候变化和灾害的发生频率。在理解气候变化的基础上，小学生可以努力做到“反思生活方式”和提倡“低碳生活行为”，应对气候变化也是一种“前瞻性的思考与行为”。在这些思想和理论的指引下，项目组的老师们不断寻找学科教育与环境教育的结合点，最终设定了课程结构和培养目标。恒德小学结合学校发展的特色项目——气象科普教育，选择的专题模块为：M2气候变化。目标年级为四年级学生，主要分为六个主题：为地球“量体温”，水球的变化，“衣衣”不舍，舌尖上的气候，家庭“碳锁者”，出行可以更绿色。

中德环境教育国际研发项目组会议现场

项目组专家华夏和陈胜庆解读《“环境教育”模块构建图》

主题内容确定后，课程模块是否能够被教师充分使用，是否符合教育部、环境保护部等相关部门对环境教育的要求，是否开展以体验式、活动式为主的项目学习方式等方面还需进一步鉴定和考量。2016 年上半年，学校邀请项目专家组到校指导；2016 年下半年，学校项目组成员到上海市师资培训中心接受课程模块的开发培训；2017 年再次组织教师赴嘉兴参加培训活动。在专家的指导下，学校教师教学能联系学生的生活，基于问题的探索，并采取小组合作形式展开活动，在课堂教学中逐渐体现了德国专家提出的多种能力要素和方法要素。

恒德小学喜获“中德环境教育项目基地学校”称号

恒德小学课程组成员管庆生老师在开发培训会上发言

原上海市气象学会秘书长徐建中和德国专家到校指导校园气象科普活动

项目组指导专家和学校气象小主播合影

在这期间，学校还多次参与项目组的其他活动。比如《未来的挑战与我们的行动》——中德“环境教育”国际研发项目学生情景剧竞赛活动、项目基地学校的参观学习活动、课程专题模块中某一主题的教学观摩活动等。

参赛师生和德国指导专家合影

恒德小学学生在上海市气象局参加颁奖典礼

教师是环境教育实施中最直接的参与者，教师树立正确的环境教育观是将环境教育有效地渗透于实践活动和学科教学的核心和关键。学校以“以点带面”的形式，逐渐扩展本校环境教育教师使者队伍。目前，学校的环境教育授课教师已由4人扩展至22人，除此之外，还外聘专家6名。在以学生核心素养培养为主体的环境教育实践中，教师也在进步、成长。他们各有所专长，在日常的活动组织策划、课题项目研究、校本课程研发、社团队伍建设等方面大显身手，将环境教育引进学校的课程，将环境意识和行动贯穿于学校的管理、教育、教学和校园建设，培养可持续发展人才。

课程开发项目组专家团队合影

周卫萍校长赴北京参加“中德青少年环境教育交流会”

在不断的实践、体验、感悟中，在专家组的带领下，恒德小学珍惜这些学习与提高的机会，相信通过这次“环境教育”项目研究，我们会对环境教育进行再实践、再研发。最后，衷心地感谢上海市师资培训中心、德国汉斯•赛德尔基金会、德国帕绍大学、浙江省中小学教师与教育行政干部培训中心项目团队给予学校课程开发实践的机会，同时也感谢上海市教委教研室原副主任赵才欣老师、上海华东师范大学陈胜庆教授、上海市气象学会原秘书长徐建中先生和普陀区青少年中心科技部戴剑老师对本课程提出的宝贵意见和建议！

上海市普陀区恒德小学

2017 年 6 月

目录

主题1

为地球“量体温”

——气候变化中的温度变化

什么是温度？温度变化有规律吗？

地球升温会导致什么后果？

温度变化和其他事物之间的变化有什么关系？

平均温度变化不同，我们的世界会变成什么样？

是谁让地球升温的？

温度变化怎么记录？怎么统计？怎么分析？

活动1 温度的变化

一、温度与生活

在天气预报中冷热程度用什么词语来说明？同学们根据身体感觉估计一下现在教室内的温度。

想一想　说一说

观察一下现在温度表显示的温度，与你预估的差别大吗？为什么会出现这种差别呢？

提示：读取温度表示数时，视线应与液柱的凹液面最低部相平或与凸液面最顶部相平，不能仰视或俯视。

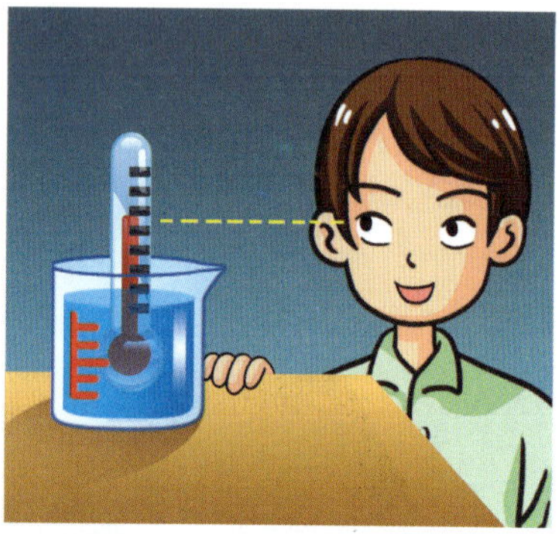

【科普窗】

什么是日平均气温？日平均气温是指一天24小时的平均气温，比如用一天内24个整点时刻的气温观测值相加后算术平均计算得到。在气象上，通常用一天中02时、08时、14时和20时4个时刻的气温观测值相加后平均作为一天的平均气温（即4个气温值相加除以4）。

计算练习

1. 根据下表计算当日的日平均气温。

时间	02:00	08:00	14:00	20:00
温度（℃）	15	16	23	20

2. 根据下表中我国某城市的月平均气温，计算该城市的年平均气温。

月份	1	2	3	4	5	6	7	8	9	10	11	12
温度(℃)	6.5	12.3	15.4	20.1	25.2	28.3	30.2	31.1	28.5	25.6	18.3	10.1

活动任务 绘制校园温度变化统计图

请你通过测量的校园温度，绘制校园温度变化统计图。

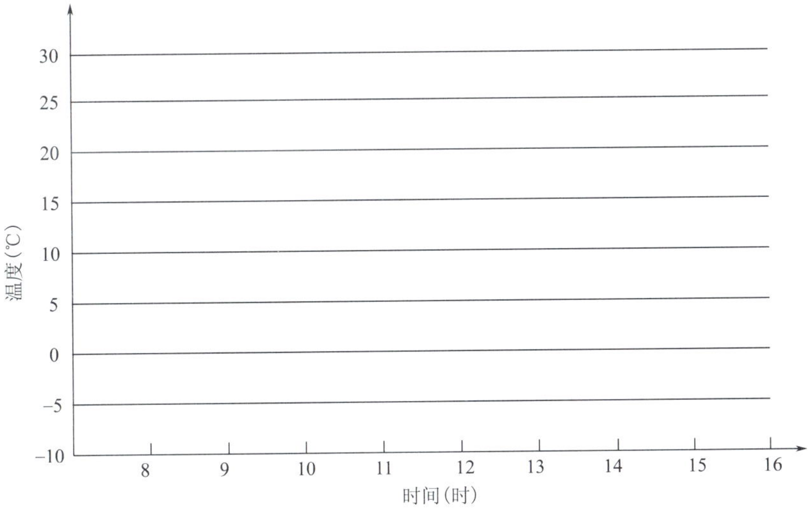

二、等温线游戏

同学们想一想，在日常生活中，有哪些天气现象是与气温有关的？

	天气现象名称	我的理由
与气温有关的天气现象		

等温线游戏

1. 在教室中设计一只倒着的温度表，即在白纸上画温度表，上面是低温，下面是高温，这只温度表大约高 1.6 米，1.5 米左右为 0 ℃。

2. 所有学生模拟高山温度（也可以模拟地球南北极的温度），高的学生站中间，按照个子高矮辐射站成矩阵，模拟高山的形状。

3. 测量“温度身高”，在温度表白纸上量身高，身高越高的学生温度越低。

5. 量好温度后，让学生回到矩阵的原位。

6. 相同温度的学生手拉手形成圆圈，这时候维持不了矩阵也没关系。

7. 除了中间的学生，所有学生基本都在一定范围内与其他学生牵手。例如温度在 –20 ~ –10 ℃的学生就可以牵手，并且在内圈。

提示：每一圈就是这座山的等温线，等温线变化多端，形状不一定，但是等温线不会交叉，并且山越高，温度越低。

活动任务 1 绘制等温线图

参照下图画出这次活动的等温线图。

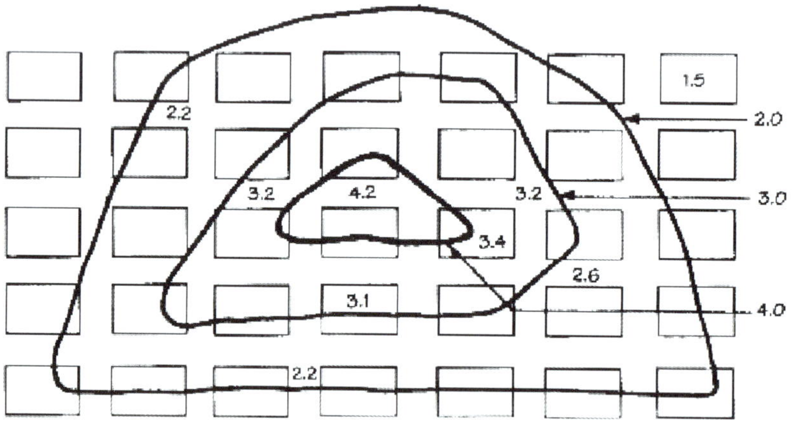

等温线图

我绘制的等温线图

活动任务 2 探讨气温与人类的关系

人类活动是全球气候系统中的重要组成之一，也是气候变化的一个重要影响因素。当今人类活动对气候变化的影响以及两者之间的联系，是一个热门话题。由于近百年来全球气候有变暖的趋势，同时科学家们又注意到人类向大气中排放的微量气体浓度明显增加，因此，两者之间是否有因果联系等，是各国科学家、公众和政策制定者关注的问题。

请分组讨论，举例说一说气温与哪些人类活动有关系。

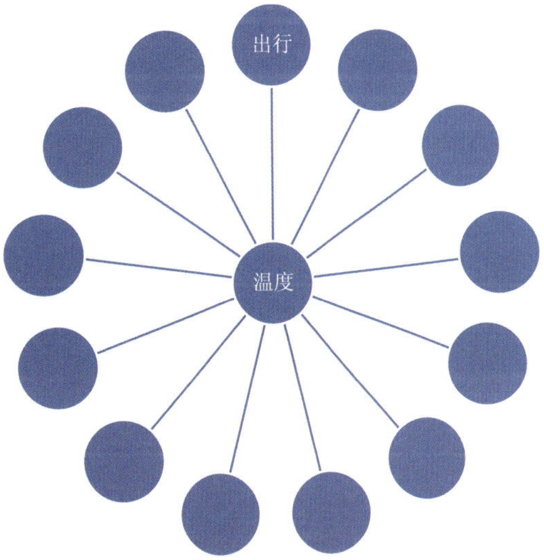

气温与人类活动的关系

活动评价表

量规			自我评价	小组评价
★★	★☆	☆☆		
讨论中善于组织语言表达观点，能够倾听他人发言	善于倾听他人意见，很好地当了一回小听众	没有参与讨论	☆☆	☆☆
查找资料时，除了文字资料外还找到了其他形式的资料	只找到了文字资料	没有查找资料	☆☆	☆☆
和同伴一起完成了日气温变化对比，并画出日气温变化统计图	和同伴一起完成了日气温变化对比，但没有完成日气温变化统计图	没有与同桌一起完成日气温变化统计图	☆☆	☆☆
在游戏过程中积极主动，善于表达自己的见解	参加了游戏，但是没有很好地表现自己	没有参与游戏	☆☆	☆☆
等温线绘制清晰明了，完全掌握了绘制方法	能够绘制等温线，但是不够准确	能够绘制等温线，但是错误较多	☆☆	☆☆
星数总计				

等第	优	良	合格	须努力
	18★～20★	14★～17★	10★～13★	1★～9★

小组同学的鼓励与期望：

教师评价：

活动 2 升温带来的灾害

一、看图表学分析

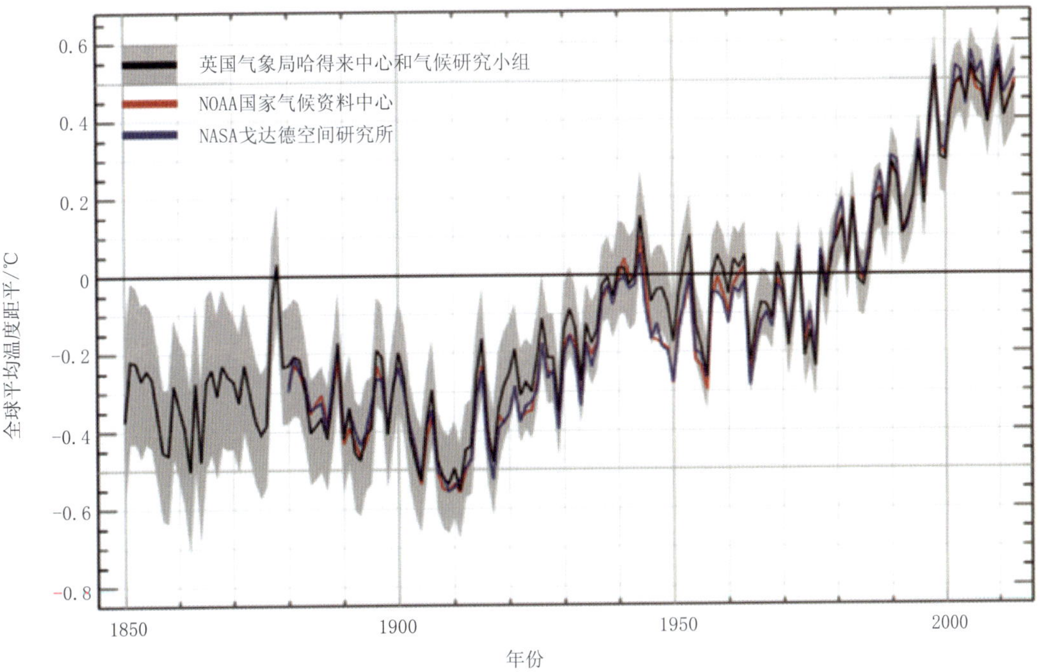

全球平均地表温度距平（相对于 1961–1990 年平均，来自 IPCC 第五次评估报告）

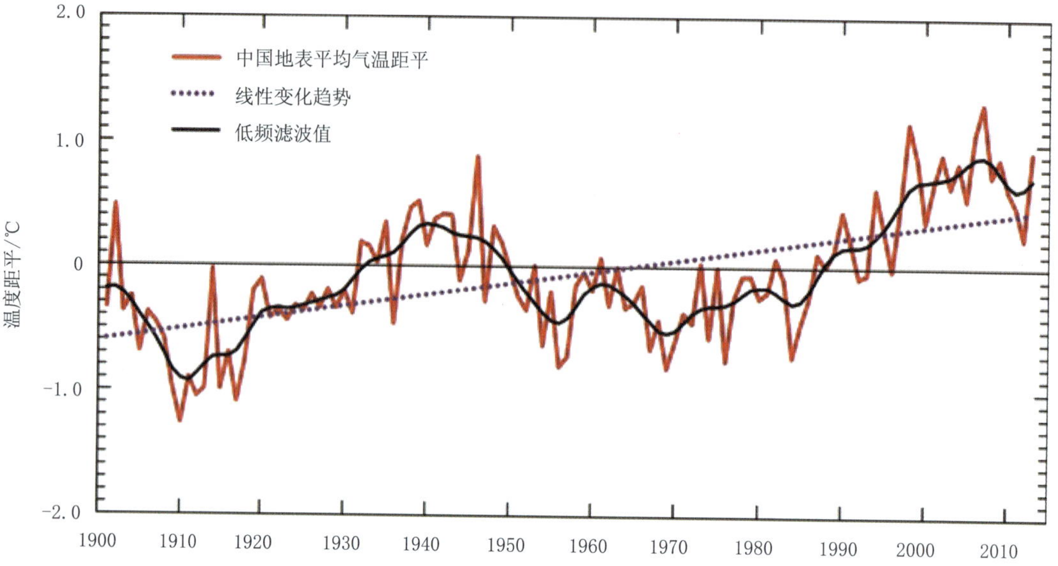

近百年中国大陆地区年平均地面气温变化

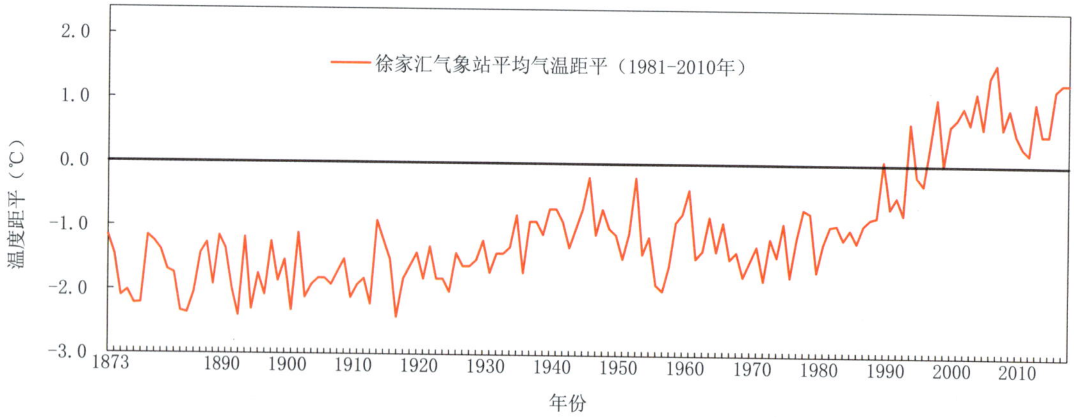

1873—2018 年上海徐家汇站年平均气温距平变化

议一议

你从以上三张图表中能够得出什么结论?

新闻链接

2004 年 11 月 19 日，《北京晚报》都市版刊发了一幅新闻照片，题目是《怪！“迎春”初冬绽放》，文字说明是：昨天，玉渊潭公园里的“迎春花”连翘竟然在初冬的暖阳中开了花。连翘花期一般在每年的春季 3 月到 5 月。由于近日的天气较往年暖和，所以才催开了公园内本该“迎春”的连翘。

想一想

这则新闻说明了什么现象？地球表面温度上升，到底是什么原因呢？气候变暖还会引发什么灾害呢？

活动任务 小手牵动大手

同学们，请你向家长叙述一下今天学习的内容，一起想想应对气候变化，我们能采取哪些节能减排、减少二氧化碳排放的措施，并把这些措施写下来。

二、做实验明事理

准备三杯热水，分别用薄纸、海绵、棉毯包裹。过一段时间后，测量水温的变化。想一想这些变化说明什么？

活动任务 1 温室实验

请根据温室实验的结果，完成温室实验的学习单。

第一个杯子		第二个杯子		第三个杯子	
时间	温度	时间	温度	时间	温度
2 分钟		2 分钟		2 分钟	
得出的结论					

【科普窗】

温室效应，又称“花房效应”，是大气保温效应的俗称。大气能使太阳短波辐射到达地面，但地表受热后向外放出的大量长波辐射却被大气吸收，大气中的二氧化碳就像一层厚厚的玻璃，使地球变成了一个大暖房，这样就使低层大气的保温作用类似于栽培农作物的温室，故名温室效应。

说一说

严重的温室效应会是什么样子的？我们知道了要节能减排，要减少二氧化碳的排放，应该从哪些事情做起呢？

活动任务 2 “金点子”接龙比赛

挽救全球变暖危机是全人类共同的责任，我们必须行动起来，从身边做起，从小事做起。请同学们开展一个主题为“金点子”的接龙游戏，比一比哪组在减少温室气体排放方面的方法最多。比如，购买节能灯、骑自行车上学等，快快写出你们小组的“金点子”。

全球变暖是每一个人都应该关注的，关注气候变化，就是关注我们的生活，让我们一起行动起来，保护我们的大气层，保护我们共同的家园——地球。

活动评价表

量规			自我评价	小组评价
★★	★☆	☆☆		
讨论中善于组织语言表达观点，能够倾听他人发言	善于倾听他人意见，很好地当了一回小听众	没有参与讨论	☆☆	☆☆
和同伴一起完成了正确测量水杯水温变化实验	和同伴一起完成了测量水杯水温变化实验	没有完成测量水杯水温变化实验	☆☆	☆☆
在游戏过程中积极主动，善于表达自己的见解	参加了游戏，但是没有很好地表现自己	没有参与游戏	☆☆	☆☆
星数总计				

等第	优 10★～12★	良 8★～9★	合格 5★～7★	须努力 1★～4★

小组同学的鼓励与期望：

教师评价：

活动 3　升温 1 ℃到 7 ℃的世界

2017 年全球平均温度比工业化时代以前高出约 1.1 ℃。1 ℃的变化，人体几乎感受不到。但是，全球各地却因此持续出现各种极端的灾害性天气。那么，如果平均气温上升 1 ~ 7 ℃，这期间，地球会发生什么变化呢?

查找资料

了解目前全球平均气温升高了多少? 升温之后世界各地出现的不正常的气候变化有哪些? 把你了解的内容写在下面的资料卡上。

资料卡

资料卡

资料卡

资料卡

资料阅读

升温 1 ℃：北极圈全年将有半年处于无冰的状态，而通常不知飓风为何物的南大西洋地区沿岸将饱受飓风侵袭，美国西部居民也将面临严重的长期干旱。

升温 2 ℃：冰河逐渐消融，北极熊挣扎求生，格陵兰岛的冰河开始融化，珊瑚礁也逐渐绝迹，全球海平面上升 7 米。

升温 3 ℃：亚马孙雨林逐渐消失，強烈的"圣婴"（厄尔尼诺）气候现象变成常态，欧洲在夏天将不断遭受前所少见的热浪侵袭，数千万或数十亿难民从亚热带迁徙到中纬度地区。

升温 4 ℃：……

升温 5 ℃：……

升温 6 ℃：……

那么升温 7 ℃呢？

发挥想象：通过上述材料的阅读，请你详细描述升温的各个阶段可能会出现的状况。

活动任务 气候变化我来画

拿起你的画笔，将全球升温的具体表现展现给大家。

活动评价表

量规			自我评价	小组评价
★★	★☆	☆☆		
讨论中善于组织语言表达观点，能够倾听他人发言	善于倾听他人意见，很好地当了一回小听众	没有参与讨论	☆☆	☆☆
查找资料时，除了文字资料外我还找到了其他他形式的资料	只找到了文字资料	没有查找资料	☆☆	☆☆
完成升温后果的绘画	大致完成升温后果的绘画	没有完成升温后果的绘画	☆☆	☆☆
星数总计				

等第	优 10★～12★	良 8★～9★	合格 5★～7★	须努力 1★～4★

小组同学的鼓励与期望：

教师评价：

活动4 为什么会升温

一、温室效应的影响

由于地球温室气体排放造成陆地气温升高，与海洋温差变小，进而造成了空气流动减慢，霾无法在短时间内被吹散，于是很多城市霾天气增多，影响人类健康。汽车限行、暂停生产等措施只有短期和局部效果，并不能从根本上改变气候变暖和霾污染。

议一议

在日常生活中，你们还看到了哪些因为温室效应而产生的现象?

活动任务 图说温室效应

用画图或文字表述的方式表达你所知道的因温室效应而产生的现象。

二、温室效应的原理

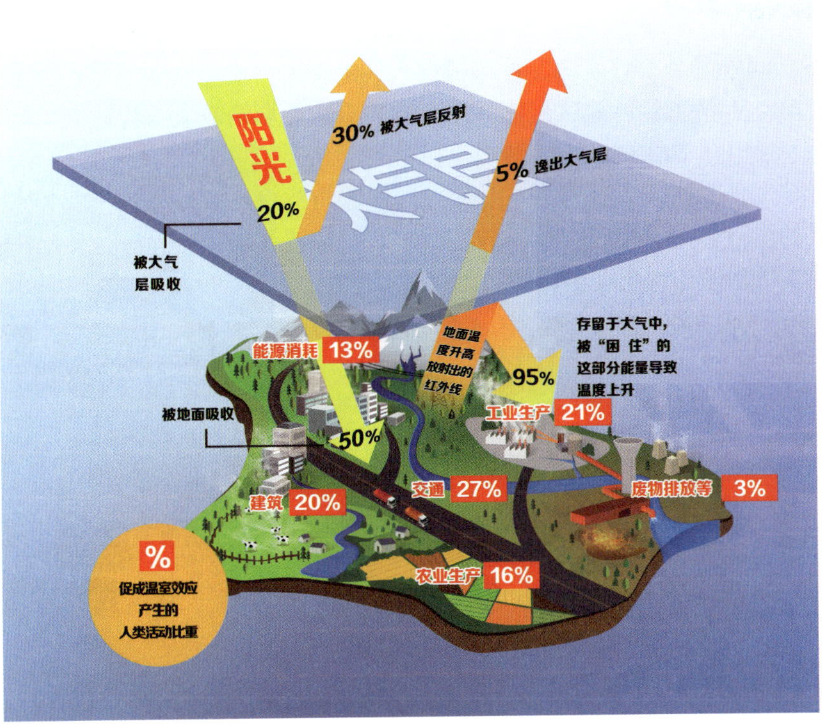

太阳辐射主要是短波辐射，而地面辐射和大气辐射则是长波辐射。大气对长波辐射的吸收力较强，对短波辐射的吸收力较弱。

白天：太阳光照射到地球上，部分能量被大气吸收，部分被反射回宇宙，大约 50% 的能量被地球表面吸收。

夜晚：地球表面以红外线的方式向宇宙散发白天吸收的热量，其中也有部分被大气吸收。

活动任务 1 探讨温室效应的原理

你觉得温室效应的原理是什么？将你们的讨论结果写下来。

活动任务 2 应对气候变化牌牌乐

温室效应可能导致全球变暖，使得极端天气出现频率增加，如干旱、洪水、极端气温等，影响生物生存。低纬度地区可能降水减少，对农业影响较大。让我们一起来完成一个以“应对气候变化”为主题的桌面游戏吧！

游戏简介：参加游戏人数为 3 ~ 4 人，共 96 张游戏牌。每人发 24 张游戏牌，由猜拳获胜的玩家开始游戏。每人轮流翻开一张卡牌，当出现“按铃牌局”时，所有玩家必须尽快按响铃。第一个按响铃的玩家赢得桌上所有面向上的牌。这个游戏的目标是赢得最多的卡牌。

游戏规则：

1. 游戏中有“自然灾害卡牌”和“应对措施卡牌”。当出现“灾害”与“措施”相对应的牌局时，要按响铃。（如：沙尘暴——植树造林、干旱——人工降雨……）

自然灾害卡牌包括：沙尘暴、大雾、高温、暴雨、大雪、干旱。

应对措施卡牌包括：植树造林、减少工厂排放污染、节能减排、建堤筑坝、撒盐融雪、人工降雨。

2. 在有些时候，桌面上出现有关联的牌局时，禁止按铃。如太阳导致高温和干旱，禁止按铃；水源导致洪水和大雪，禁止按铃；空气中弥漫沙尘暴和大雾，禁止按铃。

游戏惩罚：在错误的时机按铃，就要受到惩罚。受到惩罚的玩家必须将他面向上的弃牌堆放在铃的下面。其他玩家的弃牌堆则保持原样不动。然后由左手边的玩家继续开始游戏。之后第一个在正确时机按铃的玩家，不仅赢得桌面上所有面向上的牌，同时也赢得压在铃下面的牌。如果受到惩罚的玩家在第一时间按铃，他只能得到自己的弃牌堆和铃下面的牌。

游戏结束：

1．当轮到一个玩家翻牌时，他的牌堆没有牌了，他必须离开游戏。他的面向上的弃牌堆仍然留在桌上并需要参与判断，直到有其他玩家将这些牌赢走。

2．直到一个玩家赢得所有牌时游戏结束。

你也可以设计制作一套带有自己特色的应对极端灾害性天气的纸牌哦。

制作步骤：

1．收集废旧的卡纸。

2．设计 6 种对自己影响比较大的极端灾害性天气的卡片。每一种天气制作 7 张。

3．分别设计 6 种应对措施的卡片。每一种措施制作 7 张。

4．设计"水源""太阳""空气" 3 种卡片。每一种制作 4 张。

5．准备一个按铃。

我设计的应对极端灾害性天气卡片

请你将温室效应的原因、现象的卡片进行配对，并制作出应对温室效应的卡片。

活动任务 3 应对气候变化我来演

请排练一个情景剧，告诉大家改善温室效应我们所能做到的身边小事。

情景剧名称	
故事主要内容	
所需角色	
角色扮演者	
排练分工	
所需道具	

活动评价表

量规			自我评价	小组评价
★★	★☆	☆☆		
讨论中善于组织语言表达观点，能够倾听他人发言	善于倾听他人意见，很好地当了一回小听众	没有参与讨论	☆☆	☆☆
画图描述温室效应的现象	文字描述温室效应的现象	没有完成描述温室效应现象的任务	☆☆	☆☆
快速并且正确完成温室效应卡片配对	正确完成温室效应卡片配对	没有完成温室效应卡片配对	☆☆	☆☆
能较好地和同学完成了小组式情景剧表演	未能较好地融入小组式情景剧表演	没有参与表演	☆☆	☆☆
星数总计				

等第	优 13★～16★	良 9★～12★	合格 6★～8★	须努力 1★～5★

小组同学的鼓励与期望：

教师评价：

活动5 温度的测量、记录、统计、分析

一、温度表的结构和原理

对于温度表，同学们想要了解些什么？比如：温度表是什么样的，怎样使用温度表，温度表的构造是什么，温度表在测量温度时会出现哪些现象？

活动任务1 感知温度

请按照下图进行实验，说一说你的实验结果，想一想，温度靠皮肤的感觉判断可靠吗？

左手食指浸在热水中，
右手食指浸在冷水中。

然后两个手指同时伸进中间的温水中，两个手指的感觉一样吗？

活动任务 2 观察温度表并进行描述

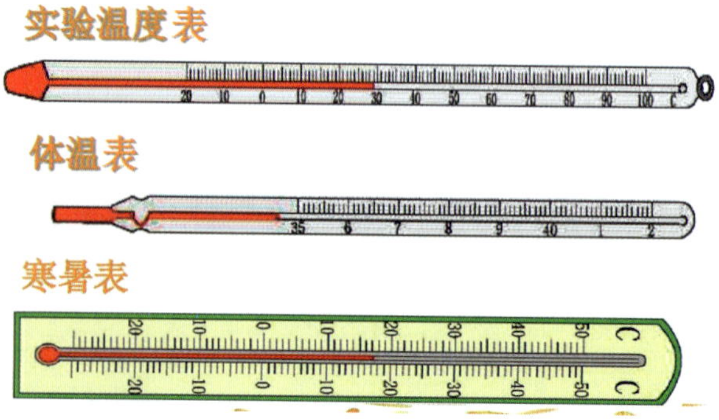

提示：摄氏温度常用 T 表示，单位是摄氏度，符号为 ℃。摄氏温度的规定：在标准大气压下，冰水混合物的温度为 0 ℃，沸水的温度为 100 ℃，在 0 ℃和 100 ℃中间分为 100 等分，每一小格为 1 ℃。

活动任务 3 正确使用温度表

温度表在使用过程中有许多注意事项：

1. 温度表不能测量超过其量程的温度，玻璃泡进入液体后要等待温度表的示数稳定后再读数。
2. 温度表的玻璃泡要与被测物体充分接触，不能碰到容器的底和壁。
3. 读数时，不能将温度表从被测物体中取出后再读数。
4. 读数时，视线要与温度表中液柱的液面相平。

二、自制温度表

材料：小瓶（配一个橡皮塞），一根一端封闭的细玻璃管，酒精灯，带颜色的水。

制作过程：在小瓶里装满带颜色的水，橡皮塞中间插进一根细玻璃管，用橡皮塞塞住瓶口。将小瓶放入热水中，观察细管中水柱的位置变化；然后再把小瓶放入冷水中，观察水柱的位置变化。

实验报告

描述一下你所看到的实验现象:

结论:

提示: 为了使分度值的长度最大，提高自制温度表的灵敏度，在制作过程中应注意以下问题：选择瓶子的容积尽量大一些；选择膨胀系数大的液体；选择内径较细的玻璃管；瓶子一定要密封，不渗水；不混入气体。但瓶子的容积过大，装的液体过多，会影响环境温度。

家庭和实验室里常用的温度表就是根据液体的热胀冷缩规律制成的，只是里面的液体不是水，而是酒精、水银等。因为水有反膨胀现象，低于4 ℃时，温度下降，体积反而增大。

虽然自制温度表的分度值都是1 ℃，但分度值的长度不一定相同，这与瓶子的体积有关，体积越大，分度值的长度越长；也与细管的粗细有关，细管越细，分度值的长度越长；还与瓶中装的液体种类有关，用膨胀系数越大的液体制成的温度表分度值的长度越长。

活动评价表

量　规			自我评价	小组评价
★★	★☆	☆☆		
讨论中善于组织语言表达观点，能够倾听他人发言	善于倾听他人意见，很好地当了一回小听众	没有参与讨论	☆☆	☆☆
能独立正确观察温度表并进行描述	能在同伴的帮助下正确观察温度表并进行描述	不能正确观察温度表，无法描述	☆☆	☆☆
能独立正确使用温度表	能在同伴的帮助下正确使用温度表	不能正确使用温度表	☆☆	☆☆
在实验过程中积极主动，善于表达自己的见解	参加了实验，但是没有很好地表现自己	没有参与实验	☆☆	☆☆

星数总计				
等第	优 13★～16★	良 9★～12★	合格 6★～8★	须努力 1★～5★

小组同学的鼓励与期望：

教师评价：

主题 2

水球的变化

——气候变化中的降水变化

气候变化中降水量的变化为什么会表现突出？
降水量变化表现在哪里？雨是怎么形成的？
降水有哪些有利和不利的方面？
海绵城市是什么概念？降水如何计量？
怎样回收雨水？怎样才能实现海绵城市？
怎么净化和测试？

活动1 变化的降水量

一、认识降水的符号

降水是指空气中的水汽冷凝并降落到地表的现象，它包括液态降水和固态降水两种，如雨、雪、冰雹等。

公共气象服务　天气图形符号

黑白符号	彩色符号	名称	黑白符号	彩色符号	名称
		晴（白天）			冰雹
		晴（夜晚）			轻雾
		多云（白天）			雾
		多云（夜晚）			浓雾
		阴天			霾
		小雨			雨夹雪
		中雨			小雪

续表

黑白符号	彩色符号	名称	黑白符号	彩色符号	名称
		大雨			中雪
		暴雨			大雪
		阵雨			暴雪
		雷阵雨			冻雨
		雷电			霜冻

活动任务 降水符号画一画

请你熟悉降雨的级别并找出上表中哪些符号属于降水的类型。

画出你找到的降水的符号

二、DIY 雨量器

雨量器是观测降水量的仪器，它由雨量筒和量杯组成。雨量筒用来承接降水物。量杯为特制的有刻度的专用量杯，其口径和刻度与雨量筒口径成一定比例关系。

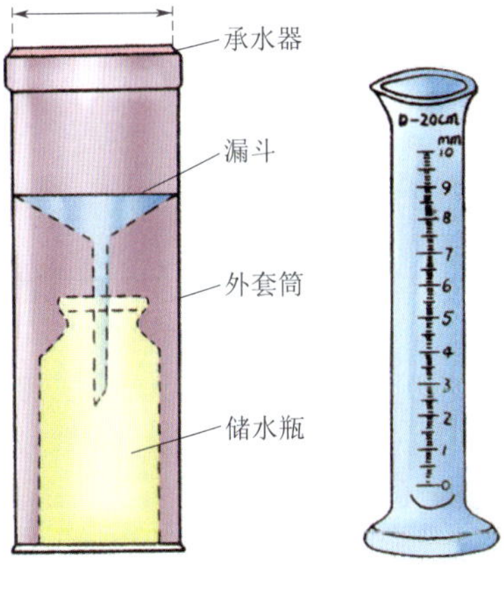

雨量筒　　量杯

活动任务 制作雨量器

请你利用环保废旧材料、美工刀、剪刀、刻度尺、笔等工具，制作一个雨量器。

我制作的雨量器

想一想，雨量器的口径大小是否对测量有影响？用大小不同的雨量器测量降水可以吗？

三、解读降水量分布图

全球气候指的是气候要素，即气温、气压、风和降水等在全球范围内的分布特征及其随季节变化的特征。世界各地的降水分布很不均衡，多雨的地方，平均年降水量可超过1000毫米；少雨的区域，有时多年滴雨不下。

活动任务1 世界降水我分析

请大家利用电脑，搜索“世界年降水量分布图”“世界政区图”和“世界地形图”，根据图片上颜色的区分，讨论全球哪些国家或者地区降水多？哪些国家或者地区降水少？简单总结规律，完成学习单。

降水多的国家或地区	
降水少的国家或地区	
我发现的规律	1. 2. 3.

活动任务2 中国降水我分析

请大家利用电脑，搜索“中国年降水量分布图”“中国政区图”和“中国地形图”，根据图片上颜色的区分，讨论中国哪些省市降水多？哪些省市降水少？简单总结规律，完成学习单。

降水多的省市	
降水少的省市	
我发现的规律	1. 2. 3.

活动任务 3 降水量数据分析

请你根据北半球某地多年平均月降水量分析以下问题。

北半球某地多年平均月降水量

时间 / 月份	1	2	3	4	5	6	7	8	9	10	11	12
降水量 / 毫米	10	5	22	47	71	81	135	169	112	57	24	12

1. 该地最大月降水量是多少毫米？
2. 最小月降水量是多少毫米？
3. 该地哪个季节降水较多？
4. 该地哪个季节降水较少？

四、降水量柱状图的判读

降水量柱状图能够形象直观地显示一个地区一年内降水的季节变化。

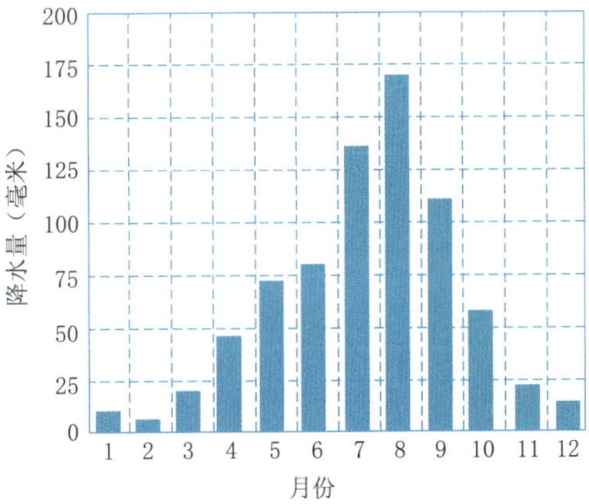

北半球某地多年平均月降水量

活动任务 降水量柱状图分析

请你分析上图中各月降水分配均匀吗？哪几个月降水比较多？主要集中在什么季节？

提示： 通常情况下，月降水量高于 100 毫米就是降水多，低于 10 毫米的情况就是降水少。

五、绘制降水量柱状图

下表为上海市某区 1981—2010 年每月的平均降水量。

1981-2010 年上海市某区月平均降水量（单位：毫米）

月份	1	2	3	4	5	6	7	8	9	10	11	12
降水量	60	61	101	80	103	175	155	140	99	57	55	40

活动任务 绘制降水量柱状图

请你根据材料中的数据绘制降水量柱状图。

活动评价表

<table>
<tr><th colspan="3">量　规</th><th rowspan="2">自我评价</th><th rowspan="2">小组评价</th></tr>
<tr><th>★★</th><th>★☆</th><th>☆☆</th></tr>
<tr><td>讨论中善于组织语言表达观点，能够倾听他人发言</td><td>善于倾听他人意见，很好地当了一回小听众</td><td>没有参与讨论</td><td>☆☆</td><td>☆☆</td></tr>
<tr><td>能够独立制作雨量器，并且成功</td><td>和他人共同制作雨量器，并且成功</td><td>没有能够成功制作雨量器</td><td>☆☆</td><td>☆☆</td></tr>
<tr><td>能够正确解读降水量分布图，并回答正确相关问题</td><td>能够正确解读降水量分布图或者正确回答相关问题</td><td>不能解读降水量分布图，无法回答相关问题</td><td>☆☆</td><td>☆☆</td></tr>
<tr><td colspan="5">星数总计</td></tr>
</table>

等第	优 10★~12★	良 8★~9★	合格 5★~7★	须努力 1★~4★

小组同学的鼓励与期望：

教师评价：

活动2 雨水是从哪里来的

一、听音辨水

请你跟随我倾听一段音乐，猜猜是什么形态的水的声音，同时描述听到这个声音的感觉。你还能找到哪些水的声音，跟大家分享一下。

二、不同形态的降水

我们在哪里能见到水呢？除了流动的水，还有不一样的水吗？互相讨论一下，写出你知道的各种形态的水。

我知道的水

活动任务 给云、雾、雨、露、霜、雪、冰分类

固态

液态

气态

三、水的三态（固态、液态、气态）变化

液态的水能凝固成固态的冰，固态的冰会融化成液态的水，液态的水会蒸发成气态的水蒸气，气态的水蒸气又会凝结成液态的水，水的三种状态在不同温度下可以互相转化。

活动任务 绘制水的三态变化示意图

四、降雨实验

如果我们要制造出降雨，我们需要准备什么材料呢？如何快速制造出水蒸气，怎样使上升的水蒸气受冷？

活动任务 完成实验报告单

实验报告单

班级		时间		实验类型	分组（　　） 演示（　　）
实验名称	降雨				
实验准备					
实验过程					
实验结果					
评定等级		指导老师			

活动评价表

量规			自我评价	小组评价
★★	★☆	☆☆		
讨论中善于组织语言表达观点，能够倾听他人发言	善于倾听他人意见，很好地当了一回小听众	没有参与讨论	☆☆	☆☆
能够独立给云、雾、雨、露、霜、雪、冰事物分类	能够在他人的帮助下给云、雾、雨、露、霜、雪、冰事物分类	不能给云、雾、雨、露、霜、雪、冰事物分类	☆☆	☆☆
能够独立绘制水循环示意图	能够和他人一起绘制水循环示意图	无法绘制水循环示意图	☆☆	☆☆

星数总计				
等第	优 10★～12★	良 8★～9★	合格 5★～7★	须努力 1★～4★

小组同学的鼓励与期望：

教师评价：

活动 3 降水带来的灾害

一、了解降雨等级

降水等级是根据 24 小时或 12 小时降水强度来确定，一般可划分为以下 5 个等级。

不同时段的降雨量等级划分表（单位：毫米）

等级	时段降雨量	
	12 小时降雨量	24 小时降雨量
微量降雨（零星小雨）	＜ 0.1	＜ 0.1
小雨	0.1 ~ 4.9	0.1 ~ 9.9
中雨	5.0 ~ 14.9	10.0 ~ 24.9
大雨	15.0 ~ 29.9	25.0 ~ 49.9
暴雨	30.0 ~ 69.9	50.0 ~ 99.9
大暴雨	70.0 ~ 139.9	100.0 ~ 249.9
特大暴雨	≥ 140.0	≥ 250.0

议一议

大雨以上的降水可带来城市内涝，引发洪涝灾害，引发滑坡、泥石流等地质灾害，并影响交通。联系你生活中的事情，想一想强降水会给我们的生活带来什么样的影响。

二、降雨带来的影响

思维导图是表达发散性思维的有效图形思维工具，运用图文并重的技巧，把各级主题的关系用相互隶属与相关的层级图表现出来，把主题关键词与图像、颜色等建立记忆链接。

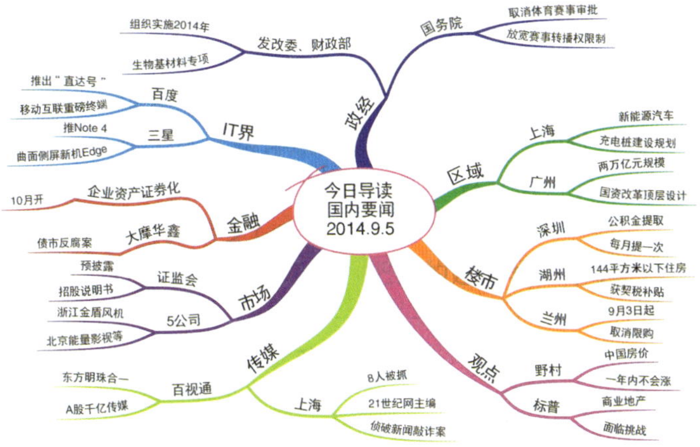

思维导图示意图

活动任务 思维导图我来画

请你通过思维导图的形式，发散性思考降雨带来的影响，按照一级、二级、三级的模式绘制降雨可能带来的影响，尝试写出四级的内容。

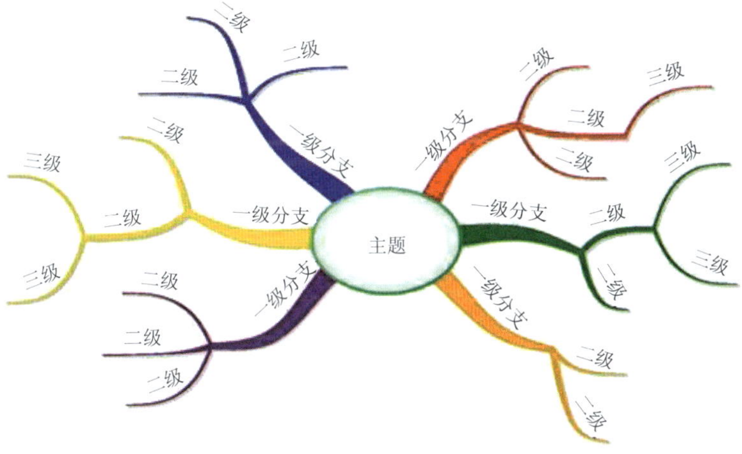

提示：一级：道路积水；二级：交通堵塞；三级：上下班、接送孩子等；四级：奖金、服务等。

三、泥石流模拟实验

1．分三个小组。每组学生用报纸或者纸卡构建一个斜坡，上面用餐巾纸或者厚薄不一样的纸卷成树木和草的样子，放置一些干泥沙团。

2．除干旱之外，用浇花的壶模拟不同的降雨量。

3．第一组模拟小雨，观察泥土流失现象并描述小雨对流域带来的影响。第二组模拟大雨并产生洪涝。第三组模拟持续大雨形成泥石流。

4．最后一组的水中加入一些黄色或者褐色颜料模拟酸雨，解释酸雨对地面的不同物体带来的影响。

5．分组叙述实验成果。

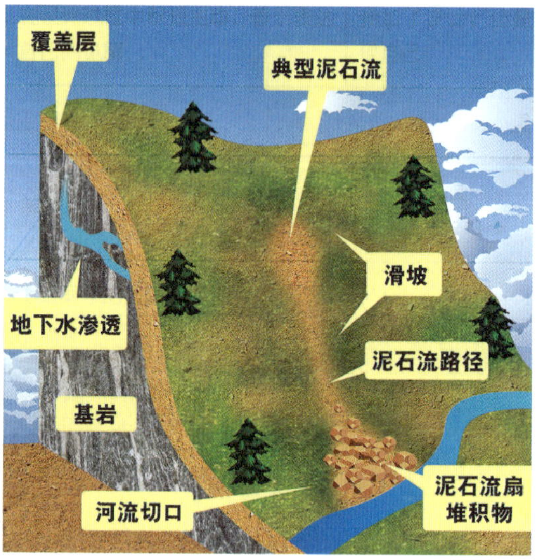

典型泥石流示意图

模拟实验图

提示：材料准备比较多，地形设计不必统一。模拟降雨量大小可以通过壶开孔的大小来控制。

活动任务 完成泥石流模拟实验记录单

泥石流模拟实验记录单

水流量（毫升/秒）	绿化状况	泥土状况	树木状况

活动评价表

量规			自我评价	小组评价
★★	★☆	☆☆		
讨论中善于组织语言表达观点，能够倾听他人发言	善于倾听他人意见，很好地当了一回小听众	没有参与讨论	☆☆	☆☆
能够独立绘制降雨带来的灾害思维导图	能够在他人的帮助下绘制降雨带来的灾害思维导图	无法绘制降雨带来的灾害思维导图	☆☆	☆☆
能够积极参与泥石流模拟实验，并且完成泥石流模拟实验记录单	能够积极参与泥石流模拟实验	没有参与泥石流模拟实验	☆☆	☆☆
星数总计				
等第	优 10★~12★	良 8★~9★	合格 5★~7★	须努力 1★~4★
小组同学的鼓励与期望：				
教师评价：				

活动4 海绵城市创意设计

一、什么是海绵城市

海绵城市，是新一代城市雨洪管理概念，是指城市在适应环境变化和应对雨水带来的自然灾害等方面具有良好的“弹性”，也可称之为“水弹性城市”。

活动任务 用自己的话说一说什么是海绵城市

二、构建海绵城市

海绵城市处理雨水的措施分三类：用于收集雨水的“收水措施”，用于含蓄、储存、过滤雨水的“蓄水措施”，及如何有效利用雨水的“用水措施”。请你根据海绵城市的这些特点构建一个海绵城市。

想一想

传统的雨水处理方式与海绵城市雨水处理方式有什么不同？建设海绵城市对我们的生活有什么益处？

活动任务 我是小小设计师

请你选择完成下述任务之一。

1. 如果你有一栋大别墅，该怎么把它设计成一座海绵别墅呢？
2. 如果请你将学校设计成海绵学校，请说出你的构想和用到的技术。

资料链接：

创意排水管：德国音乐排水管，下雨时不仅能起到收集雨水的作用，还能“演奏”一曲雨中交响曲。

创意排水链：景观风格较休闲的区域如私宅，可以利用雨水链代替排水管道收集雨水。武汉市首届海绵城市创意大赛。

活动评价表

量 规			自我评价	小组评价
★★	★☆	☆☆		
讨论中善于组织语言表达观点，能够倾听他人发言	善于倾听他人意见，很好地当了一回小听众	没有参与讨论	☆☆	☆☆
能够根据海绵城市的特点独立构建一个海绵城市	能够在他人的帮助下根据海绵城市的特点构建一个海绵城市	无法根据海绵城市的特点构建一个海绵城市	☆☆	☆☆
能够用自己的话表述海绵城市的概念	能够和他人一起讨论得出海绵城市的概念	无法表达海绵城市的概念	☆☆	☆☆
星数总计				

等第	优 10★～12★	良 8★～9★	合格 5★～7★	须努力 1★～4★
小组同学的鼓励与期望：				
教师评价：				

活动 5 雨水净化

一、自来水厂的工作流程

活动任务 排列自来水厂工作流程卡

请你整理自来水厂的工作流程卡片，进行排列，说一说为什么这么排列？

我排列的自来水厂工作流程

二、净化水实验

每组学生使用日常生活中常见的材料，如塑料瓶、纸张、泥土、纱布等，叠放成不同的厚度和排列顺序设计一个净化实验。比一比哪一组的水净化设计效果最好，并分析每一种材料为什么能净化水，哪些材料对水的 pH 值会产生影响。

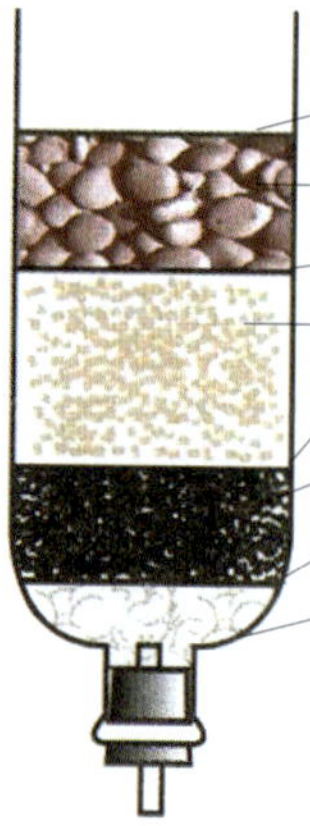

净水层示意图

净水模拟实验

活动任务1 填写净化水实验学习单

净化水实验学习单

准备的材料	
净化前的水质情况	
净化装置的设计	
净化后的水质情况	
遇到的问题	

活动任务2 完成实验报告

将小组设计的实验形成报告或用绘图演示。

我的实验报告

活动评价表

<table>
<tr><th colspan="4">量 规</th><th rowspan="2">自我评价</th><th rowspan="2">小组评价</th></tr>
<tr><th colspan="2">★★</th><th>★☆</th><th>☆☆</th></tr>
<tr><td colspan="2">讨论中善于组织语言表达观点，能够倾听他人发言</td><td>善于倾听他人意见，很好地当了一回小听众</td><td>没有参与讨论</td><td>☆☆</td><td>☆☆</td></tr>
<tr><td colspan="2">能够独立整理自来水厂的工作流程卡片，并进行正确排列</td><td>能够在他人的帮助下整理自来水厂的工作流程卡片，并进行正确排列</td><td>无法整理自来水厂的工作流程卡片，并进行正确排列</td><td>☆☆</td><td>☆☆</td></tr>
<tr><td colspan="2">能够独立完成净水装置，并且净水效果显著</td><td>能够和他人一起制作净水装置，并且有净水效果</td><td>无法完成净水装置的制作，无明显净水效果</td><td>☆☆</td><td>☆☆</td></tr>
<tr><td colspan="6">星数总计</td></tr>
<tr><td>等第</td><td>优
10★～12★</td><td>良
8★～9★</td><td>合格
5★～7★</td><td colspan="2">须努力
1★～4★</td></tr>
<tr><td colspan="6">小组同学的鼓励与期望：</td></tr>
<tr><td colspan="6">教师评价：</td></tr>
</table>

主题3

“衣衣”不舍

——穿衣中的环保

衣服穿旧了该怎么处理才环保？
在当前低碳经济盛行的大环境下，
大家有没有忽视废旧衣物处理不当造成的严重环境问题？
有没有发现很多旧衣物仍有利用价值呢？
衣物的处理不当是不是一种资源浪费？
衣物除了可以捐赠出去外，还可以有什么用途？
如何实现废旧衣服纤维的最大价值，减少环境污染与人力物力资源浪费，
从而达到节能减排的目的？

活动1 衣服的材质

一、衣服材质统计

衣服的材质主要包括棉、麻、丝、绸等，它们是天然的纺织纤维。纺织纤维还包括化学纤维，其中还分成人造纤维和合成纤维。塑料可以重复利用多次，并根据其强度制作成不同的产品，例如毛衣、塑料瓶、地板、窗框、围墙、家具等。所以塑料也能变成衣服哦。

- 纤维原料
  - 天然纤维
    - 植物纤维（天然纤维素纤维）
      - 棉：棉花、木棉、椰子绒等
      - 麻：苎麻、亚麻、黄麻等
    - 动物纤维（天然蛋白质纤维）
      - 毛：绵羊毛、山羊毛、山羊绒、骆驼绒、兔毛、牦牛毛、牦牛绒等
      - 丝：桑蚕丝、柞蚕丝、蓖麻蚕丝及木薯蚕丝等
  - 化学纤维
    - 人造纤维（再生纤维）
      - 人造纤维素纤维：黏胶纤维（人造棉、人造毛）、铜氨纤维、高强纤维、醋酯纤维等
      - 人造蛋白质纤维：酪素纤维、大豆纤维、花生纤维等
    - 合成纤维
      - 聚酯纤维：涤纶
      - 聚酰胺纤维：锦纶
      - 聚丙烯腈纤维：腈纶
      - 聚乙烯醇纤维：维纶
      - 聚氨乙烯纤维：氯纶
      - 聚丙烯纤维：丙纶
      - 聚氨基甲酸酯纤维：氨纶
      - 其他纤维：如芳纶

活动任务 完成衣服材质统计表

请大家准备好各种材质的衣服，并制作好小卡片，进行交流，并把得到的信息进行记录。

	天然纤维		化学纤维	
	棉麻	丝绸	人造纤维	合成纤维
统计				
最环保				

二、探究衣料的来源

不同的物品由不同的材质做成，比如制作车子、水杯、午餐盒的材料都不一样。我们身上的衣服是用什么材料做成的？你注意过衣服上的标签吗？我们可以通过衣物标签的介绍认识制作衣服的材质。这些不同材质的面料都来源于哪里呢？

活动任务 寻找不同材质面料的来源

棉麻	丝绸	人造纤维	合成纤维

三、探究衣料变成衣服的过程

不同组别的学生准备不同材质的衣料，每组学生画出这个面料从原料的生长到最终成为衣服的过程。

活动任务 追踪衣料来源

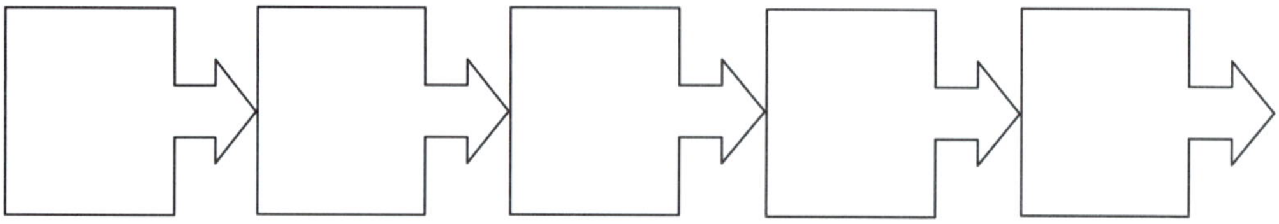

议一议

每种材质的衣料是否可以回收重复利用？如果不能重复利用，如何减少这样东西的产生？

四、服装设计

请根据衣服的材质给洋娃娃设计一套服装。

1. 学生分组活动，分工合作，有人负责面料的挑选，有人负责设计，有人负责缝制等。
2. 投票前准备：每人准备两枚章，绿叶代表环保，玫瑰花代表最美服装。
3. 投票：评选出哪一组衣服材质最环保？哪一组服装最美？
4. 总结：对活动进行总结并反思其他组为什么做得好。

活动任务 我替娃娃设计衣服

<table>
<tr><td>名称</td><td>娃娃的衣服</td><td>设计人</td><td></td></tr>
<tr><td>所用材料</td><td colspan="3"></td></tr>
<tr><td colspan="4">衣服的小样</td></tr>
<tr><td colspan="4"></td></tr>
</table>

议一议

为了方便生活，你还希望发明什么样材质的面料做成衣服？

活动评价表

量　规			自我评价	小组评价
★★	★☆	☆☆		
讨论中善于组织语言表达观点，能够倾听他人发言	善于倾听他人意见，很好地当了一回小听众	没有参与讨论	☆☆	☆☆
能够独立认识各种衣料的材质	能够在他人的帮助下认识各种衣料的材质	无法认识各种衣料的材质	☆☆	☆☆
能够通过小组合作，完成替娃娃制作一件小衣服的设计，并且设计美观得到好评	能够和他人一起设计并制作娃娃的一件小衣服	无法完成小衣服的制作	☆☆	☆☆
星数总计				

等第	优 10★~12★	良 8★~9★	合格 5★~7★	须努力 1★~4★

小组同学的鼓励与期望：

教师评价：

活动2 衣排放

有一个流行词，叫做“低碳生活”。低碳生活，顾名思义就是在生活中尽量采用低能耗、低排放的生活方式。在生活作息时所耗用的能量要尽力减少，从而减低碳，特别是二氧化碳的排放量，从而减少对大气的污染，减缓生态恶化。我们的生活中处处都会产生碳的排放，甚至我们身上穿的衣服里都有呢！

【科普窗】

一件衣服的碳排放是多少？一件衣服从它还是庄稼地里的棉花、亚麻或者是化纤材料开始，历经漂白、染色等工艺变成纱线、面料，制成成衣之后经过物流和使用，直至最终变成垃圾掩埋降解或焚烧，可以说，每一个环节都在排放着加剧全球气候变暖的二氧化碳。

一件不同材质衣服的碳排放量数据（单位：千克）

衣物名称	碳排放量	衣物名称	碳排放量
涤纶裤子	47	化纤外套	153
纯棉T恤	7	围巾	23
长袖衫	15	运动裤	78
羽绒服	200	羊毛衫	99
打底裤	73	棉毛衫	84

请你根据上表选取春、夏、秋、冬要穿的衣服，并计算每个人的碳排放量，与其他同学对比并设计如何穿衣服可以降低碳排放量。

我选择的衣服

	1	2	3	4	5	6	7
名称							
衣服数量							
碳排放量							

以你一年购入四件纯棉T恤（碳排放量250克/件）、四件纯棉衬衣（碳排放量250克/件），两条涤纶长裤（碳排放量400克/条）、一件化纤外套（碳排放量500克/件）计算：全棉和化纤的衣服哪种排碳少？

想要减低衣服的碳排放，你有什么对策？把你的建议写下来吧！

我的建议

例如：少买新衣、减少洗涤、租用衣服、选环保款式等。

活动任务 环保服装设计

许多环保可回收面料也能做衣服哦！动手画个草图吧，设计环保可回收面料服装（草图或构思）

活动评价表

量规			自我评价	小组评价
★★	★☆	☆☆		
讨论中善于组织语言表达观点，能够倾听他人发言	善于倾听他人意见，很好地当了一回小听众	没有参与讨论	☆☆	☆☆
能够独立计算出不同季节衣物的碳排放量	能够和同学一起计算出不同季节衣物的碳排放量	没有参与计算或没有计算出不同季节衣物的碳排放量	☆☆	☆☆
在设计过程中积极主动，善于表达自己的见解	参加了设计，但是没有很好地表现自己	没有参与设计	☆☆	☆☆
星数总计				

等第	优 10★～12★	良 8★～9★	合格 5★～7★	须努力 1★～4★

小组同学的鼓励与期望：

教师评价：

活动3 衣服使用过程中的减排

一、节能减排对对碰

请根据问题卡片的内容，针对浪费能源的问题将相关的解决方案写在黄色卡片上。

问题卡片	解决问题卡片
1. 服装在生产、加工和运输过程中，要消耗大量的能源，同时产生废气、废水等污染物。我们可以做些什么？	解决方法： 1. 2. 3. 4. 5.
2. 如何使旧衣服再利用？	解决方法： 1. 2. 3. 4. 5.

问题卡片

3. 在洗涤时我们怎么做，才能做到节能环保？

解决问题卡片

解决方法：

1.

2.

3.

4.

5.

4. 你认为什么是“节能装”呢？

解决方法：

1.

2.

3.

4.

5.

请你学习卡片的内容，分小组开始对对碰游戏，一组出问题，另一组给出合适的答案，并说明为什么。

想一想

针对这些问题，你有没有想到跟卡片上不同的解决方案？

二、节能减排“金点子”

你知道什么是“纯天然”的衣服吗？穿“纯天然”的衣服对环保有什么用处呢？其实节能减排有很多种方法，如在洗衣服方面可以选用节能洗衣机，衣物集中洗，脱水时间 2 分钟以内，漂洗用水可以再利用，分色洗涤，先浅后深，用水量适中，尽量选用无磷洗衣粉等，这些措施都能达到节能减排的作用。

除此之外，还有许多节能减排的小窍门：

1. 旧衣服再利用：不能穿的旧上衣的袖子可以做套袖，旧裤子的裤腿可以做护腿、护膝，剩下的大块布可做布垫；小块布做抹布，布条做拖布，还可以把穿旧的内衣用开水煮过，剪开，给婴儿当尿布，既经济又好用。

2．无纺布做抹布：用女士化妆时用过的无纺布替代毛巾类的抹布，擦拭窗户、地板、纱窗效果好，抹布上的尘土和毛发能一次性清理干净，比毛巾类抹布易于清理，并能节约清洗用水，且不会因为抹布清理不净而留有霉味。

3．少买不必要的衣服：服装在生产、加工和运输过程中，要消耗大量的能源，同时产生废气、废水等污染物。在保证生活需要的前提下，每人每年少买一件不必要的衣服也可节能。

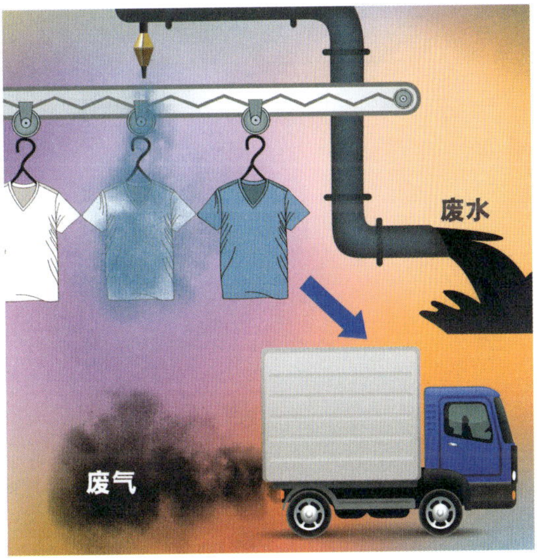

活动任务 节能减排金点子

以小组为单位，讨论节能减排金点子，完成任务单，并张贴在班级的板报上。

任务单		
主题	查询的资料	金点子
衣物穿着节能减排		
衣物洗涤节能减排		

活动评价表

<table>
<tr><th colspan="3">量　规</th><th rowspan="2">自我评价</th><th rowspan="2">小组评价</th></tr>
<tr><th>★★</th><th>★☆</th><th>☆☆</th></tr>
<tr><td>小组分工明确，能够根据各人的特长分配活动任务</td><td>小组内有分工，但是分工不够合理</td><td>没有小组分工</td><td>☆☆</td><td>☆☆</td></tr>
<tr><td>收集的信息内容非常准确，信息呈现的形式多样化</td><td>收集到的信息比较准确，呈现形式比较单一</td><td>收集到的信息比较杂乱，有重复、不完整现象</td><td>☆☆</td><td>☆☆</td></tr>
<tr><td>小组内信息能够大家一起共享，整理后的信息符合活动要求</td><td>能够分享信息内容，比较符合活动要求</td><td>收集的信息无法共享，无用的信息比较多</td><td>☆☆</td><td>☆☆</td></tr>
<tr><td colspan="5">星数总计</td></tr>
</table>

等第	优 10★～12★	良 8★～9★	合格 5★～7★	须努力 1★～4★
小组同学的鼓励与期望：				
教师评价：				

活动4 校服的再设计与回收

一、服装设计的概念

服装是衣服鞋帽的总称，一般是指衣服。服装设计主要包括以下几个环节：

1. 款式造型设计：要从整体入手，用简单的几何形概括服装的轮廓，要与着装者的职业和身份相适应。

2. 色彩设计：要与人的肤色、发色呈对比或调和的关系，也要考虑与着装者的职业和身份相适应。常用的色彩搭配方法有：同种色搭配、邻近色搭配、对比色搭配。

3. 面料选择：要考虑环境和季节。

想一想

购买服装时你如何选择？服装设计在我们日常生活中起什么作用？学生装应具有什么特点？你认为我们学校的校服设计得怎么样？你有改进的建议吗？

活动任务 我的服装我做主

概括回顾服装设计中的款式构思、色彩搭配要点，绘制完成一组学生装效果图，包括男装、女装各一件。

要求：用铅笔画设计草图，用彩色水笔或其他彩笔完成着色。线条应简练概括。涂色不必过于均匀，只进行标示性涂绘，体现生动的效果。

二、设计衣物回收箱

随着生活水平的提高，人们的服装更新迅速，大量的废旧衣物（包括毛巾等）如何处理，成为令不少家庭及学生头疼的问题，这也是一种碳污染，同时也加大了垃圾处理的压力。

在当前低碳经济盛行的大环境下，废旧衣物处理不当会造成严重的环境问题，同时很多旧衣物仍有利用价值，大量的废弃更是一种资源浪费。衣物除了可以捐赠出去外，还可以生产再生产品，实现废旧衣服的最大价值，减少环境污染与人力、物力资源浪费。

议一议

你觉得衣物回收的重要性有哪些?

活动任务 设计衣物回收箱

通常我们见到的衣物回收箱并没有分类，也没有根据回收后的用处进行标志。请你根据衣物回收可以重新利用的特点，设计不同的衣物回收箱，并进行装饰设计。

活动评价表

量规			自我评价	小组评价
★★	★☆	☆☆		
讨论中善于组织语言表达观点，能够倾听他人发言	善于倾听他人意见，很好地当了一回小听众	没有参与讨论	☆☆	☆☆
回答问题正确，积极主动	能够举手回答问题，较为积极，回答问题大致正确	没有回答问题	☆☆	☆☆
在讨论过程中积极主动，善于表达自己的见解	参加了讨论，但是没有很好地表现自己	没有参与讨论	☆☆	☆☆
能够自己概括回顾服装设计中的款式构思、色彩搭配要点	能够和同伴一起概括回顾服装设计中的款式构思、色彩搭配要点	没有完成概括回顾服装设计中的款式构思、色彩搭配要点的任务	☆☆	☆☆
星数总计				

等第	优 13★~16★	良 9★~12★	合格 6★~8★	须努力 1★~5★

小组同学的鼓励与期望：

教师评价：

活动5 环保袋的制作

环保袋渐渐成为我们日常生活中的常用品，说一说制作下图中的环保袋都需要哪些材料和工具呢？

活动任务 设计制作环保袋

请你根据要求设计制作一个环保袋。

1. 确定一个自选图形，作为环保袋的主体形状，如圆形的环保袋、方形的环保袋、三角形的环保袋等。

2. 更改自选图形的颜色，作为环保袋的主体颜色，可以用单一的颜色，也可以用纹理、图片等来装饰。

3．选择一种比较适合的三维样式。

我的设计

名称	环保袋	设计人	
所用材料			
环保袋小样			

布置一个卖场，把你们设计的作品展示给大家，也可以放一些常用的东西，并标注商品名称和价格，看看谁设计的环保袋最先售出。

市场营销活动要求：

1．分组摆放作品，布置卖场，除了不同类型的环保袋，还可以放一些常用的东西，标注商品价格。学生每人有 50 元的预算。

2．小组内分工合作，有人负责摊位的摆放设计，有人负责收钱计算，有人负责购买其他组别的东西等。

3．市场定价规则：普通购物袋 1 元，环保购物袋 5 元，但是用环保购物袋购物的人可以打五折。其他物品随意定价。

4．活动最后比一比哪一组卖得最多，哪一组买得价值最高。

5．总结活动并反思其他组为什么做得好。

活动评价表

量规			自我评价	小组评价
★★	★☆	☆☆		
讨论中善于组织语言表达观点，能够倾听他人发言	善于倾听他人意见，很好地当了一回小听众	没有参与讨论	☆☆	☆☆
积极主动回答问题，回答问题正确	回答问题大致正确	没有回答问题	☆☆	☆☆
在设计过程中积极主动，善于表达自己的见解	参加了设计，但是没有很好地表现自己	没有参与设计	☆☆	☆☆
能够制作出环保袋，并参与环保袋购物体验，总结或反思	能够和同伴一起完成环保袋的制作，参与环保袋购物体验	没有完成环保袋的制作	☆☆	☆☆

星数总计

等第	优	良	合格	须努力
	13★～16★	9★～12★	6★～8★	1★～5★

小组同学的鼓励与期望：

教师评价：

主题 4

舌尖上的气候

——饮食中的环保

食物的产地与来源是什么？食物与人类生产生活的关系是什么？
如何认识食物生产地与气温的关系？全球不同的温度带生长的食物是不是一样的？
水足迹是什么？食物与水足迹的关系是怎样的？水有什么重要性？
什么是食物的碳排放？食物碳排放的标准和应对策略有哪些？
减排大餐如何制作？减排大餐的营养价值有哪些？

活动 1 食材的来源

一、食物讨论会

1. 食物的分类

小组讨论：以下食物哪些来自动物，哪些来自植物，哪些既来自动物又来自植物。再说一说理由。

2. 食物的产地

小组讨论：图中的食物都产自什么地方？每种食物都只有一个产地吗？如果每种食物种的地方都是不一样的，那你还能举例说出什么地方种什么东西吗？看看谁说得最多。

活动任务 1 制作食物科普小报

做一份食物的科普小报，挑一种水果，介绍一下它的营养价值，它生长在哪里，生长环境是怎么样的？

活动任务 2 画出你最喜欢的食物

认清不同食物的样子和特点，画一幅你最喜欢的食物的图片（可以是水果，可以是蔬菜，也可以是肉食）。

二、我是营养师

请你和同学合作，根据以下情景讨论出一个脚本，用自己的方式演绎一部 5 分钟的短剧。情景演完后，小组讨论一下，说一说对策，你有什么办法帮助他们？

情景 卡片 A	小西是一个 5 年级的学生，性格开朗。但是她的妈妈有一个难题，就是小西不喜欢吃米饭，喜欢吃零食。每次在学校吃饭，常常剩饭。学校教师和妈妈知道她有这个不良习惯，一直没有办法。学校食堂又开饭了，你们是小西的好朋友，怎样才能帮助小西呢？
情景 卡片 B	小北的外婆生活在农村，以前经常在暑假的时候来看小北，每次都会带不少自己辛苦种的稻米和农家土鸡蛋。但是现在外婆年纪大了，走不动了，今年暑假她希望小北能够回老家去看看她，让他也能认识一下家乡的稻田。但是小北听说农村没有办法上网，没有小伙伴，所以他不想去。请你帮助外婆实现愿望。

活动评价表

<table>
<tr><th colspan="3">量 规</th><th rowspan="2">自我评价</th><th rowspan="2">小组评价</th></tr>
<tr><th>★★</th><th>★☆</th><th>☆☆</th></tr>
<tr><td>讨论中善于组织语言表达观点，能够倾听他人发言</td><td>善于倾听他人意见，很好地当了一回小听众</td><td>没有参与讨论</td><td>☆☆</td><td>☆☆</td></tr>
<tr><td>积极主动回答问题，回答问题正确</td><td>回答问题大致正确</td><td>没有回答问题</td><td>☆☆</td><td>☆☆</td></tr>
<tr><td>和同伴一起完成了表演</td><td>参与了表演活动的设计</td><td>没有参与设计或表演</td><td>☆☆</td><td>☆☆</td></tr>
<tr><td colspan="5">星数总计</td></tr>
<tr><td>等第</td><td>优
10★～12★</td><td>良
8★～9★</td><td>合格
5★～7★</td><td>须努力
1★～4★</td></tr>
<tr><td colspan="5">小组同学的鼓励与期望：</td></tr>
<tr><td colspan="5">教师评价：</td></tr>
</table>

活动 2 水足迹

一、生活中的水

同学们知不知道，在食物生产的过程中，哪些环节需要用到水？你知道什么是水足迹吗？水足迹是指在日常生活中公众消费产品及服务过程所耗费的那些看不见的水。此概念最早由荷兰学者阿尔杰恩·胡克斯特拉于 2002 年提出，其完整概念包括“国家水足迹”“个人水足迹”两部分。如一个 100 克的苹果的“水足迹”为 70 升，一杯咖啡的“水足迹”为 140 升，而一个汉堡的“水足迹”是 2400 升等等。

产品（单位）	水足迹（升）	产品（单位）	水足迹（升）
1 杯啤酒（250 毫升）	75	1 个鸡蛋（40 克）	135
1 杯牛奶（20 毫升）	200	1 个汉堡包（150 克）	2400
1 杯咖啡（125 毫升）	140	1 个番茄（70 克）	13
1 杯茶（250 毫升）	35	1 个橙子（100 克）	50
1 片面包（30 克）	40	1 双鞋（牛皮）	8000
1 片面包（30 克）夹奶酪（10 克）	90	1 个集成电路芯片（2 克）	32
1 个土豆（100 克）	25	1 碗麦片	81
1 个苹果（100 克）	70	1 碗色拉	114
1 件纯棉 T 恤衫（250 克）	2000	1 瓶苏打水	122
1 张 A4 的纸（80 克 / 米 ^{2}）	10	1 杯矿泉水	0.5
1 杯葡萄酒（125 毫升）	120	1 块牛排	5550
1 杯苹果汁（200 毫升）	190	1 杯红酒	114
1 杯橘汁（200 毫升）	170	1 磅鸡肉	1061
1 袋土豆片（200 克）	185	1 杯啤酒	74

活动任务 点菜单

欢迎光临，请先浏览菜单上的食物，然后写下你希望点的食物，数量不限，计算这些食物的水足迹。

	1	2	3	4	5	6	7
名称							
质量							
小计							
总计							

议一议

在组合菜单时，你主要考虑了哪些因素？请你写出菜单中各种食物的水足迹，看看哪一种食物的水足迹最高，哪种食物的水足迹最低，寻找差异的原因所在。

二、一桶水

每年的 3 月 22 日是联合国大会规定的“世界水日”。对水资源的正确管理是满足世界人口需求不断增长的关键，目前全球有 10 多亿人缺少基本供水，每年有 150 万儿童死于因污染水和非饮用水引起的疾病。“人们消耗的大部分水与食物有关。”“我们是水”基金会主管哈维·托拉斯说：“举例来说，一个人每天需要喝约 2 升的水，但生产 1000 克大米就需要 2450 升的水，生产 1000 克猪肉则需要近 6000 升的水，每人每年的水足迹大约是 700 立方米，但是地球上很多地方是没有水的。”

活动任务 一桶水

将《水足迹统计表》[①] 中有关食物、植物生长、农业的内容中，任挑选一个例子，写到卡片上，并挂在桶边，以此感受水的重要性。

水足迹统计表

食物，植物生长，农业	100 克面包（2 ~ 4 片）中含有	10 桶
	人们能吃到 100 克牛肉，需要	160 桶
	100 克烤鸡肉需要	35 桶
	生产 100 克奶酪需要	50 桶
	产出 1 磅[②] 鸡蛋需要	25 桶
	德国温室生产 1 千克西红柿需要	2 ~ 3 桶
	西班牙南部土地生产 1 千克西红柿需要	4 桶
	3 升巴西浓缩橙汁需要	6 桶
	3 ~ 6 升本地苹果汁（纯果汁）需要	1 桶
	一棵大的枫叶树每天需要	10 桶
饮用水的可用性和使用	埃塞俄比亚一些社区的人们每天用水	1 桶
	牙买加居民每天用水	3 桶
	印度人每天用水	4 桶
	摩洛哥人每天用水	8 桶
	1959 年的联邦德国公民每天用水	10 桶
	现在德国公民每天用水	15 桶
日常使用	5 天时间喝的水	1 桶
	浴缸装清水需要	15 桶
	洗一次澡需要	3 ~ 6 桶
	冲 10 次厕所（用 / 或者不用节水模式）需要	5/8 桶
	用流动水刷四次牙需要	1 桶
	用杯子刷 20 次牙需要	1 桶
污染和浪费	一滴矿物油能够污染	10 桶
	每 3 秒滴 1 滴水的水龙头 1 天浪费	1 桶
	核电站 1 个月为一个人提供电量（96 kW · h）	31 桶
	煤电站 1 个月为一个人提供电量	99 桶
	天然气 1 个月为一个人提供电量	21 桶
	太阳能 1 个月为一个人提供电量	1 桶

① 本表由中德“环境教育”国际科研项目组德方提供。

② 1 磅 ≈ 0.454 千克。

活动评价表

<table>
<tr><th colspan="3">量　规</th><th rowspan="2">自我评价</th><th rowspan="2">小组评价</th></tr>
<tr><th>★★</th><th>★☆</th><th>☆☆</th></tr>
<tr><td>讨论中善于组织语言表达观点，能够倾听他人发言</td><td>善于倾听他人意见，很好地当了一回小听众</td><td>没有参与讨论</td><td>☆☆</td><td>☆☆</td></tr>
<tr><td>查找资料时，除了文字资料外还找到了其他形式的资料</td><td>只找到了文字资料</td><td>没有查找资料</td><td>☆☆</td><td>☆☆</td></tr>
<tr><td>在活动过程中积极主动，善于表达自己的见解</td><td>参加了活动，但是没有很好地表现自己</td><td>没有参与活动</td><td>☆☆</td><td>☆☆</td></tr>
<tr><td colspan="5">星数总计</td></tr>
<tr><td>等第</td><td>优
10★～12★</td><td>良
8★～9★</td><td>合格
5★～7★</td><td>须努力
1★～4★</td></tr>
<tr><td colspan="5">小组同学的鼓励与期望：</td></tr>
<tr><td colspan="5">教师评价：</td></tr>
</table>

活动 3 食物碳排放

民以食为天，食物的温室气体排放对全球变暖的贡献巨大。那么，我们该怎么吃才能降低“碳足迹”呢？

不同食物的碳排放量

食物	碳排放量	食物	碳排放量
100 克猪肉	1.3 千克	100 克西红柿	0.4 千克
100 克牛肉	1.8 千克	100 克甘蔗	0.55 千克
100 克鸡肉	1.1 千克	100 克苹果	0.4 千克
100 克青菜	0.2 千克	100 克山药	0.35 千克
100 克土豆	0.6 千克	100 克笋	0.43 千克

根据所给的材料进行讨论，并将这 10 种食物根据碳排放量由高到低进行排序。

在日常生活中，只要在可提供相同营养的食物中选取“碳足迹”较低的食物，就可以有效降低对全球变暖的影响。让我们从“吃”开始，减少碳排放，保护人类共同的家园！

活动任务1 制作食物碳排放量小报

以食物碳排放量为专题，做一份小报。

活动任务2 我理解的食物碳排放量

与父母交流自己通过学习食物碳排放量的感受，写100字左右的小结。

活动评价表

量规			自我评价	小组评价
★★	★☆	☆☆		
讨论中善于组织语言表达观点，能够倾听他人发言	善于倾听他人意见，很好地当了一回小听众	没有参与讨论	☆☆	☆☆
积极回答问题，且回答正确	能够正确回答问题	没有举手回答问题	☆☆	☆☆
和同伴一起将10种食物按碳排放量由高到低进行正确排序	和同伴一起将10种食物按碳排放量由高到低进行排序	没有参与活动	☆☆	☆☆
在讨论过程中积极主动，善于表达自己的见解	参加了讨论，但是没有很好地表现自己	没有参与讨论	☆☆	☆☆
星数总计				

等第	优 13★~16★	良 9★~12★	合格 6★~8★	须努力 1★~5★

小组同学的鼓励与期望：

教师评价：

活动4 DIY节能减排大餐

一、制作节能减排大餐

节能减排的大餐，往往制作起来非常方便，而且这些大餐的营养价值都很高。让我们一起动动手，制作节能减排大餐。

菠菜柳橙汁

材料： 菠菜30～70克，高丽菜80～100克，柳橙（带皮）30～40克，胡萝卜与苹果各150～200克。

做法： 菠菜和高丽菜要先切碎，和其他材料一起打成汁。

功效： 菠菜富含维生素 B_1，可改善恶性贫血等，对气喘、荨麻疹也有效。

高丽菜汁

材料： 高丽菜200克，胡萝卜200克，苹果200克。

做法： 高丽菜要先切碎，和其他材料一起用榨汁机榨成汁，早晚各一杯。

功效： 此为蔬果汁的代表，内含丰富的钾，具有维持盐分平衡的功能，对高血压及血管硬化具有预防及稳定作用。

二、设计节能减排大餐

低碳食物对节能减排起着重要作用，你知道哪些食物属于低碳食物吗？查找关于低碳食物的相关内容，完成以下活动任务。

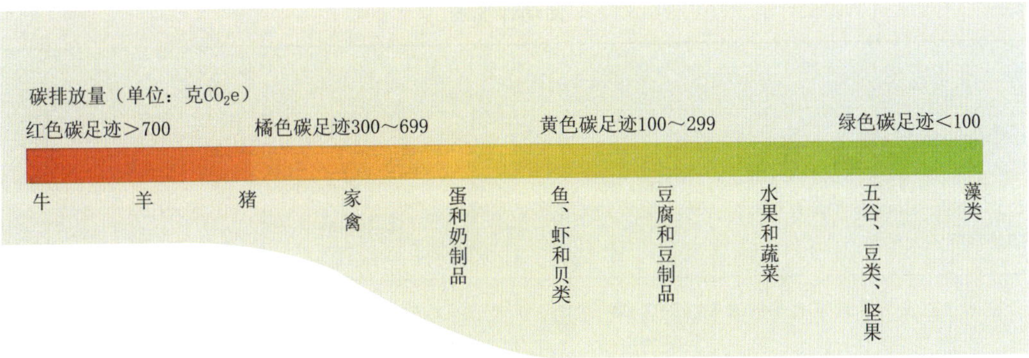

资料来源：毕李明、徐欣荣

活动任务 节能减排大餐制作方法设计

活动评价表

量规			自我评价	小组评价
★★	★☆	☆☆		
讨论中善于组织语言表达观点，能够倾听他人发言	善于倾听他人意见，很好地当了一回小听众	没有参与讨论	☆☆	☆☆
能够独立完成节能减排大餐的设计	在同伴们的帮助下完成节能减排大餐的设计	没有完成设计	☆☆	☆☆
独立完成节能减排大餐的制作	在同伴们的帮助下完成节能减排大餐的制作	没有完成制作	☆☆	☆☆
星数总计				

等第	优 10★～12★	良 8★～9★	合格 5★～7★	须努力 1★～4★
小组同学的鼓励与期望：				
教师评价：				

活动 5

家庭蔬菜种植创意设计

一、认识蔬菜作物

你认识这些蔬菜吗？说一说这些蔬菜的名字。你还认识哪些蔬菜呢？说一说这些蔬菜有哪些特征。

二、种植蔬菜

根据《蔬菜种植时节一览表》，选择自己最喜欢的蔬菜进行种植。

蔬菜种植时节一览表

时间	蔬菜
春季（农历一月至三月）	辣椒，青椒，彩椒，洋葱，花椰菜，甜豆，豌豆，芹菜，莴苣，荠菜，油菜，菠菜，春笋，马兰头，韭菜
夏季（农历四月至六月）	辣椒，苦瓜，丝瓜，冬瓜，菜豆，芦笋，茭白，洋葱，黄瓜，南瓜，空心菜，竹笋，生菜，西红柿，卷心菜，茄子
秋季（农历七月至九月）	秋葵，莲藕，栗子，冬瓜，四季豆，豆角，山药，白菜，扁豆
冬季（农历十月至十二月）	青椒，卷心菜，白菜，洋葱，花椰菜，萝卜，甜豆，芹菜，菠菜，荠菜，莴苣

蔬菜种植记录单

名称	种植方法	气温、天气的记录	病虫害与防治	价格	营养成分	烹调方法
油菜						
土豆						
芹菜						
茄子						
白萝卜						

活动任务 制作蔬菜种植小报

以蔬菜种植为专题，做一份小报。

活动评价表

量规			自我评价	小组评价
★★	★☆	☆☆		
讨论中善于组织语言表达观点，能够倾听他人发言	善于倾听他人意见，很好地当了一回小听众	没有参与讨论	☆☆	☆☆
围绕“蔬菜”这个主题提出问题并且进行了解答	围绕“蔬菜”这个主题提出问题或进行了解答	没有提出问题或者进行解答	☆☆	☆☆
独自完成了低碳种植	在同伴的帮助下完成了低碳种植	没有完成低碳种植	☆☆	☆☆
星数总计				

等第	优 10★～12★	良 8★～9★	合格 5★～7★	须努力 1★～4★

小组同学的鼓励与期望：

教师评价：

主题 5

家庭“碳锁者”

——住宅中的环保

节水的重要性是什么？

电在生活中有什么重要性？

日常生活中有哪些浪费电的现象？

煤气的来源是什么？怎样节约煤气呢？

智能家居、家电有哪些种类，怎样设计？

如何进行垃圾分类？

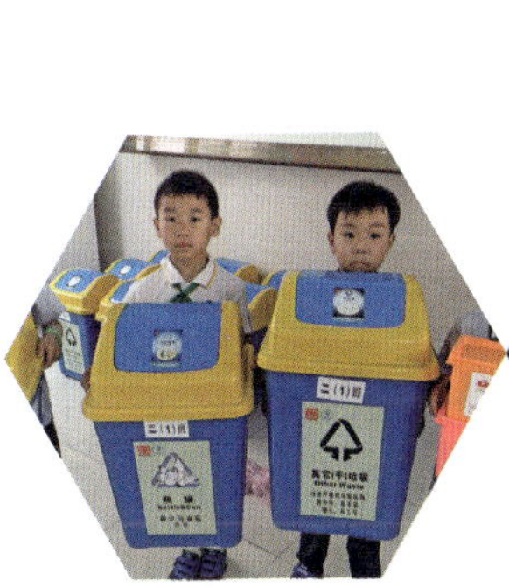

活动1 实用节水，创意节水

一、节水的重要性

如果按一个水龙头每秒滴 2 滴水，平均每 20 滴水约 1 毫升来计算，这个滴水的水龙头 1 小时大约流失多少水？

活动任务 根据数据绘制适合的统计图

1. 根据统计表中的数据，绘制折线统计图或条形统计图。
2. 观察统计图，说说你发现了什么？我们该怎样节约使用每一滴水。

2007—2015 年中国城市人均日生活用水量　（单位：升）

年份	2007	2008	2009	2010	2011	2012	2013	2014	2015
用水量	178.39	178.19	176.98	171.43	170.94	171.79	173.51	173.73	174.46

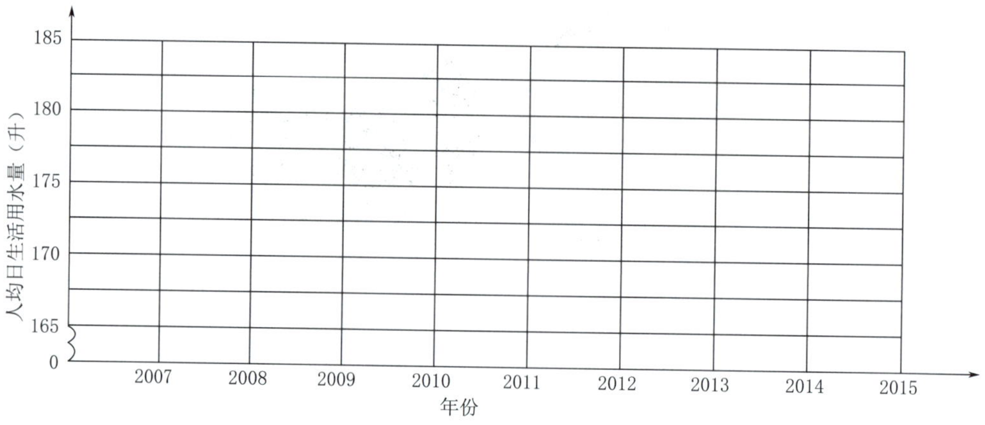

二、节水方法我来找

活动 1 浪费水行为，猜猜猜！

针对浪费水的习惯，如不关水龙头、不必要时冲厕所、用软管冲洗人行道、让水龙头滴水、花很长时间淋浴等，分小组编排并表演一个哑剧来演示这些行为。当有一组猜到他们的行为时，被猜中的这一组也必须编排表演一个相左的哑剧来表示对它的纠正。

活动 2 节水行动金点子

我们一起来罗列一下，在家庭生活中可以怎样节水呢？

这些金点子你与家人能做到哪些呢？请将这些金点子填写在下面的表格中。

1.
2.
3.
4.

5.
6.
7.
8.

9.
10.
11.
12.

我可以做到的	
爸爸可以做到的	
妈妈可以做到的	
爷爷可以做到的	
奶奶可以做到的	

活动 3 畅想节水设备

现在许多国家的人们都已经行动起来，对用水设备进行改造，比如花洒和喷雾的水龙头；给淋浴安装定时器，限定洗澡时间；水斗和坐便器组合，洗手水可以直接进入坐便器的水箱等等。我们也一起来开动脑筋，想想看，对我们日常的用水设备是否也可以改造一下呢？讨论一下，把这个节水设备画下来吧！

活动评价表

<table>
<tr><th colspan="3">量　规</th><th rowspan="2">自我评价</th><th rowspan="2">小组评价</th></tr>
<tr><th>★★</th><th>★☆</th><th>☆☆</th></tr>
<tr><td>能够独立绘制用水统计图，并能够正确标注数据</td><td>能够在他人的帮助下完成统计图表的绘制，并标注正确数据</td><td>无法正确完成用水统计图表的绘制</td><td>☆☆</td><td>☆☆</td></tr>
<tr><td>能够罗列出较多的家庭节水方法</td><td>能够罗列出一部分家庭节水方法</td><td>罗列家庭节水方法较少</td><td>☆☆</td><td>☆☆</td></tr>
<tr><td>能够设计出比较合理的节水设备，或者能够对现有的用水设备进行合理的改造</td><td>能够提出改造用水设备的想法</td><td>对于设计或者改造用水设备无法完成</td><td>☆☆</td><td>☆☆</td></tr>
<tr><td colspan="5">星数总计</td></tr>
</table>

等第	优 10★～12★	良 8★～9★	合格 5★～7★	须努力 1★～4★

小组同学的鼓励与期望：

教师评价：

活动 2 实用节电，创意节电

一、了解浪费电的情况

电的发现和应用极大地节省了人们的体力劳动和脑力劳动，使人类的力量长上了翅膀，使人类的信息触角不断延伸，也使人们的生活更加丰富多彩。对广大民众来说，电已经是日常生活工作中必不可少的资源，但是就在不断用电、享受生活的同时，浪费用电的现象也是无处不在。这不仅浪费资源，也使一些人养成了浪费的坏习惯。

现场调查，下列现象如果在你家中存在的话，请打√：

1. 关电脑，但是不关显示器开关。（　　）
2. 关电视机，但是不关电视机总电源。（　　）
3. 进出各个房间的时候，没有关闭无人房间灯的开关。（　　）
4. 不关电视机机顶盒总电源。（　　）
5. 手机充电器一直插在插座上。（　　）
6. 晚上没人上厕所的时候，灯也开着。（　　）

算一算

我们一起算一算，家中有多少设备待机，有多少灯是没必要开着的。结合“小资料”，并上网查一查各种电器的耗电量，最后算出家里每年会浪费多少电?

小资料：

30 瓦灯每天消耗 0.72 度电。
电视机顶盒每天消耗 0.2 度电。
电视机待机每天消耗0.12度电。
一个手机充电器待机每年消耗 3 度电。

二、小调查

1. 调查自己家中常用电器的功率。
2. 连续三天记录家中各种电器的使用时间。
3. 调查居民用电的电费标准。
4. 制作并完成家庭用电情况调查表。
5. 搜集节约用电方面的小知识、小窍门。

活动任务1 制订一个节电方案

请你根据调查结果，针对浪费电的现象提出解决方案。

活动任务2 设计一种节能产品（绘图或文字）

请你根据调查结果，针对耗电量大或者浪费电较多的电器进行节能设计。

不积跬步，无以至千里；不积小流，无以成江海。请同学们一起从身边小事做起，从节约每一度电做起，为节约电做出贡献。

活动评价表

<table>
<tr><th colspan="3">量 规</th><th rowspan="2">自我评价</th><th rowspan="2">小组评价</th></tr>
<tr><th>★★</th><th>★☆</th><th>☆☆</th></tr>
<tr><td>讨论中善于组织语言表达观点，能够倾听他人发言</td><td>善于倾听他人意见，很好地当了一回小听众</td><td>没有参与讨论</td><td>☆☆</td><td>☆☆</td></tr>
<tr><td>能够完成对家用电器的调查，并能够总结出家庭用电的状况</td><td>能够完成家用电器的使用情况调查，但是无法进行归纳</td><td>不知道该如何对家用电器进行调查</td><td>☆☆</td><td>☆☆</td></tr>
<tr><td>能够针对家庭的状况，制订一个有特色的节电方案</td><td>能够制订一个节电方案，但是没有特色</td><td>不知道该如何制订家庭节电方案</td><td>☆☆</td><td>☆☆</td></tr>
<tr><td colspan="5">星数总计</td></tr>
<tr><td>等第</td><td>优
10★～12★</td><td>良
8★～9★</td><td>合格
5★～7★</td><td>须努力
1★～4★</td></tr>
<tr><td colspan="5">小组同学的鼓励与期望：</td></tr>
<tr><td colspan="5">教师评价：</td></tr>
</table>

活动3 节约煤气

一、调查分析

煤炭作为工业生产的燃料，给社会带来了前所未有的巨大生产力，随之而来的是钢铁、化工、采矿、冶金、交通运输等行业的大规模兴起。到19世纪中期，欧洲国家年均产煤量约为7200万吨，1913年，英国产煤量更是达到惊人的2.92亿吨。虽然石油、天然气的燃烧同样会产生二氧化碳，但煤燃烧产生的二氧化碳是天然气的两倍，但提供的能量却只有后者的三分之一。

小调查

统计一天家中能源消耗的情况，了解能源的种类和来源。

统计家中连续三天的煤气使用时间　（单位：小时）

	上午	中午	晚上	洗澡	其他
第一天					
第二天					
第三天					

想一想，议一议

通过对我们每天所使用能源来源的分析，你能得出什么样的结论呢？

进行一次“头脑风暴”，想象人类缺少了煤气会怎样？人类过度依赖矿物能源会产生哪些环境问题？

二、看懂煤气表

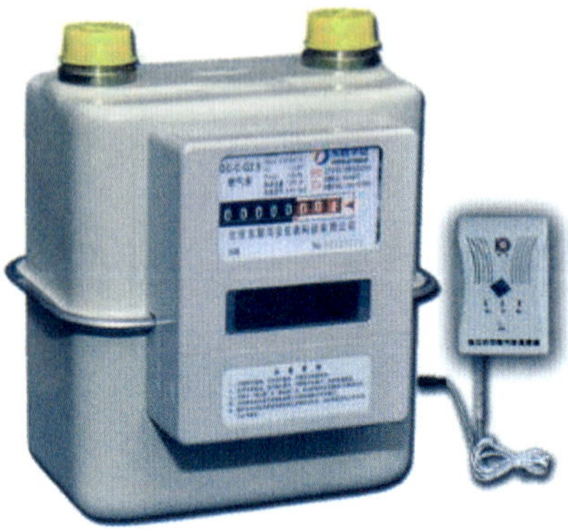

机械燃气表

智能燃气表

现在一般家用燃气表有机械表和智能表两种类型。所谓机械表，是利用红黑两种颜色的字轮来表示表内气量，而智能表一般都用液晶屏来显示表内气量，它们的计量单位都是立方米。

活动任务 节约煤气“金点子”

请你写出几条节约煤气的“金点子”，看看谁写出的“金点子”最多，可行性最强？

活动评价表

量规			自我评价	小组评价
★★	★☆	☆☆		
讨论中善于组织语言表达观点，能够倾听他人发言	善于倾听他人意见，很好地当了一回小听众	没有参与讨论	☆☆	☆☆
能够正确认识煤气表，并统计出家中的煤气使用情况	能够认识煤气表，统计家中煤气使用情况有偏差	认识煤气表，但是无法统计家中的煤气使用情况	☆☆	☆☆
能够想出比较多的节约煤气的方法	节约煤气的金点子想出不多	不知道该如何节约煤气	☆☆	☆☆
星数总计				

等第	优 10★～12★	良 8★～9★	合格 5★～7★	须努力 1★～4★

小组同学的鼓励与期望：

教师评价：

活动4 智能家居设计

一、什么是智能家居

调查智能家居和智能家电的相关资料并讨论，总结两者的概念。

智能家居	智能家电

二、构建智能家居系统

通过智能家居的设计，能够改善我们的居住环境，让我们在更环保、更健康、更舒适的环境居住。让我们模拟智能家居系统做个小游戏吧。

1. 学生分组模拟家庭中不同的地方。第一组模拟厨房中的智能家电，例如电磁炉、电饭煲、冰箱等。第二组模拟洗手间中的节水抽水马桶、太阳能热水器等。第三组模拟卧室和起居室的空调、智能窗户等。第四组模拟停车库的电能车的充电桩等。

2. 每组抽一个学生扮演主人，让主人通过车辆或者手机等智能设备控制这些智能家电进行工作。

活动任务 智能家居设计

根据你对智能家居的理解，设计一间屋子，并能够对智能设计的内容做出说明。

活动评价表

量规			自我评价	小组评价
★★	★☆	☆☆		
讨论中善于组织语言表达观点，能够倾听他人发言	善于倾听他人意见，很好地当了一回小听众	没有参与讨论	☆☆	☆☆
了解智能家电和智能家居的概念，并能够例举较多的功能	对于智能家居了解不具体，不能够例举智能家居的功能	对于家具智能化的内容不了解	☆☆	☆☆
能够设计一间比较智能化的家居，对于智能物联网的运用有创意	能够设计一件智能化的家居，能够体现部分智能化内容	无法设计出智能化在家居中的体现	☆☆	☆☆
星数总计				

等第	优	良	合格	须努力
	10★～12★	8★～9★	5★～7★	1★～4★

小组同学的鼓励与期望：

教师评价：

活动5 垃圾的“青春再现”

一、垃圾种类配对

垃圾就是放错地方的“宝贝”。中国每年使用塑料快餐盒达40亿个，方便面碗5亿～7亿个，一次性筷子数十亿双，这些占生活垃圾的8%～15%。1吨废塑料可回炼600千克的柴油；回收1500吨废纸，可免于砍伐用于生产1200吨纸的林木；1吨易拉罐熔化后能结成1吨很好的铝块，可少采20吨铝矿。生活垃圾中有30%～40%可以回收利用，应珍惜这个小本大利的资源。大家也可以利用易拉罐制作笔盒，既环保，又节约资源。

活动任务1 垃圾配对

小游戏

我们了解了垃圾如何分类之后，一起来做个游戏吧！请 4 ～ 6 人轮流说垃圾的名称，另外一组 4 位同学分别担任“可回收垃圾桶”“厨余垃圾桶”“有害垃圾桶”“其他垃圾桶”，当说到属于相应的垃圾后，“垃圾桶”要站起来表示接收这种垃圾。请老师做裁判，记录“垃圾桶”站起来时是否正确，并记录错误次数。每次 3 分钟计时，统计好正确率之后，两组调换角色。最后看哪一组胜出。

第一组错误次数	第二组错误次数

活动任务 2 垃圾分类

你知道上海的垃圾如何分类吗？废电池、废电灯泡、瓜果皮、塑料罐、玻璃瓶、废纸、过期药品等都属于哪些垃圾呢？

1. 准备四个分类垃圾桶，一个 PET 塑料循环利用的盒子。

2. 在盒子中放入各种垃圾，离开盒子 30 米并排放置四个分类垃圾桶。我们也可以用泡沫箱和纸板箱替代。

3. 大家轮流把盒子中的垃圾，分类放到垃圾桶中。每次只能拿一样垃圾。投放完毕后，再回到出发点，选取垃圾继续投放。

4. 比一比，哪一组最先完成所有垃圾分类投放。请一个同学进行计时。

二、废品回收利用

小调查

请你调查所生活的小区废品回收情况，都回收哪些废品？这些物品回收后有什么用处？

我们的生活每天都在产生各种垃圾和废品，但是绝大部分的垃圾和废品是可以回收再利用的。让我们一起来尝试一下，利用收集到的废旧物品，重新加工制作，做出一个具有实用价值的作品。

要求：

1. 小组分工合作。
2. 作品要有创意。
3. 各组选出组内比较优秀的作品，详细介绍创意思路和制作过程。

活动任务 废品回收再利用

根据调查结果和废旧物品的设计要求，完成任务单。

小组成员家里产生最多的废旧物品有哪些？	
家里或者学校需要哪些有实用价值的小物件？	
如何进行联系？	
我们的设计思路	
设计草图	

评价表

量规			自我评价	小组评价
★★	★☆	☆☆		
讨论中善于组织语言表达观点，能够倾听他人发言	善于倾听他人意见，很好地当了一回小听众	没有参与讨论	☆☆	☆☆
查找资料时，除了文字资料外还找到了其他形式的资料	只找到了文字资料	没有查找资料	☆☆	☆☆
自我完成了垃圾分类	在同伴的帮助下完成垃圾分类	没有完成垃圾的分类	☆☆	☆☆
回答问题积极主动，善于表达自己的见解	回答问题大致正确	没有回答问题	☆☆	☆☆
星数总计				
等第	优 13★～16★	良 9★～12★	合格 6★～8★	须努力 1★～5★
小组同学的鼓励与期望：				
教师评价：				

主题 6

出行可以更绿色

——出行中的环保

不同的出行方式与人类生产生活的关系是什么？

你会设计出行方式的调查问卷吗？

如何正确选择交通工具和交通路线，做到环保出行，节能减排？

你会查找公交线路吗？

什么是“零排放的等待”？你能做到吗？

如何推广“零排放的等待”这个理念？

活动1 出行方式问卷调查设计

一、了解交通污染

随着我国城市化的蓬勃发展，道路交通所引发的城市环境问题也日益突出。如何处理好道路交通发展与城市环境保护的协调发展是当今世界各国面临的重大难题。

议一议

对于也生活在这样环境下的我们，大家有什么想法吗？我们能做什么？例如：家里少开空调，少乘坐私家车，多坐公交车、地铁，最好骑自行车或步行……

活动任务 家人出行方式调查

人物 / 出行方式	妈妈	我	爸爸
地铁			
步行			
公交车			
私家车			
自行车			

二、设计出行方式的调查问卷

小知识：调查问卷的基本结构

1. 指导语：在问卷之首，它在问卷中起的作用是沟通调查者与被调查者之间的联系，使问卷的填写工作能够顺利进行，以期达到调查目的。

2. 问题：问卷的核心内容。

3. 结束语：内容是对答卷人表示感谢，或对问卷加以简短的评价。

活动任务 出行方式的调查问卷设计

设计一份出行方式的调查问卷，要求要具有调查问卷的基本结构，比一比哪一组设计的科学合理，令人印象深刻。

活动评价表

量规			自我评价	小组评价
★★	★☆	☆☆		
讨论中善于组织语言表达观点，能够倾听他人发言	善于倾听他人意见，很好地当了一回小听众	没有参与讨论	☆☆	☆☆
积极回答问题，且回答正确	能够正确回答问题	没有举手回答问题	☆☆	☆☆
查找资料时，除了文字资料外还找到了其他形式的资料	只找到了文字资料	没有查找资料	☆☆	☆☆
在讨论过程中积极主动，善于表达自己的见解	参加了讨论，但是没有很好地表现自己	没有参与讨论	☆☆	☆☆
和同伴一起完成了出行方式的调查问卷，问卷新颖，格式正确	和同伴完成了出行方式调查问卷的大致框架，格式基本正确	没有完成出行方式的调查问卷或者格式有错误	☆☆	☆☆
星数总计				
等第	优 18★～20★	良 14★～17★	合格 10★～13★	须努力 1★～9★
小组同学的鼓励与期望：				
教师评价：				

活动2 设计最佳出行路线

一、规划低碳环保线路

1．小调查

在生活中，如果你想去某地，以下出行需求哪个是你优先考虑的？（　　）

A．快速　B．省力　C．价格　D．路程短　E．舒适　F．环保

请大家根据先后顺序进行排序。

____

2．分析选择合理路线

A．每个小组在地图 APP 上，设定一个市内的地点，写在卡片上，然后交给其他小组。

B．其他小组接到地点卡片后，通过查阅交通地图，组内讨论，选择最佳出行路线，完成出行任务的设计。

C．每组派代表演示说明路线的合理性。

知识链接：绿地图是一张使用国际通用的绿地图图标绘制当地绿色生活、自然、社会和文化的地图。如今，全世界已出版了 50 多个国家的 300 多份“生机盎然”的绿地图。中国首份绿地图 2017 年 9 月在北京和上海启动，138 名志愿者踏访了近 200 个“绿色地点”，耗费约半年时间最终绘成。此次发布的绿地图结合城市绿洲、环保节能、运动健康、便民生活等主题内容绘制而成，标绘出了包括社区自然胜境、动植物分布、基础建设等十几类信息。比如，上海市江浦路街道绿地图会告诉市民，江浦公园里有一棵“特别的树”；哪几个地方有生态步道等。

活动任务 绘制绿色出行图

从恒德小学出发，到达上海博物馆，请设计一条最合理的出行路线，并说明自己的设计思路。

活动评价表

量规			自我评价	小组评价
★★	★☆	☆☆		
讨论中善于组织语言表达观点，能够倾听他人发言	善于倾听他人意见，很好地当了一回小听众	没有参与讨论	☆☆	☆☆
和同伴一起完成了低碳环保路径的规划	和同伴一起大致完成了低碳环保路径的规划	没有完成低碳环保路径的规划	☆☆	☆☆
在设计过程中积极主动，善于表达自己的见解	参加了设计，但是没有很好的表现自己	没有参与设计	☆☆	☆☆
和同伴一起出色完成了绿色出行图的绘制	和同伴一起完成了绿色出行图的设计	没有完成设计	☆☆	☆☆

星数总计				
等第	优 13★~16★	良 9★~12★	合格 6★~8★	须努力 1★~5★

小组同学的鼓励与期望：

教师评价：

活动3 红灯怠速熄火等候实践活动

一、行车等待红灯时该不该熄火

汽车尾气的主要污染物是一氧化碳、氮氧化物、碳氢化合物、铅、硫化物等。它们对环境的污染主要表现为产生温室效应，破坏臭氧层，产生酸雨现象等。对人体的危害主要表现为造成各种疾病，严重损害呼吸系统，并且具有很强的致癌性。汽车行驶时排出有害物质破坏环境并影响人体健康。

怠速等红灯的污染研究报告

1. 曾有人做过测算，遇到红灯时，停车熄火等待要比怠速省油，因为机动车重新发动仅需消耗相当于怠速5秒的耗油量，而熄火省下来的油可多行1千米左右，还可减少污染物的排放。

2. 科学的统计表明，汽车在怠速时造成汽油不完全燃烧，会产生更多的污染物排放，37辆怠速车排放的有害气体相当于4000辆汽车正常行驶的排放量。

小游戏

1. 学生分组扮演道路上不同的群体

（1）一组学生扮演开车的司机。

（2）一组学生扮演道路上的行人。

（3）一组学生扮演空气中的各种气体（手中拿黑色塑料袋吹成的黑色气球）。

2. 让开车的学生们在教师模拟的道路的十字路口往返开车，教师设计红绿灯，行人按照教师指示行走。

3. 开车的学生需要报告他们的行动：开车、停车（不熄火）、熄火、启动、减速等，扮演气体的学生可以在开车、启动、减速、停车（不熄火）的时候把黑色垃圾袋系到这车上，看看最后哪辆车的排放污染和温室气体最多。

二、如何推行“零排放的等待”实践活动

活动任务 设计推行“零排放的等待”的方案

家中有汽车的学生可以通过和家长交流，让他们也认识到等待红灯熄火更为环保。

记得说明你的设计理由哦！

活动评价表

量规			自我评价	小组评价
★★	★☆	☆☆		
讨论中善于组织语言表达观点，能够倾听他人发言	善于倾听他人意见，很好地当了一回小听众	没有参与讨论	☆☆	☆☆
声情并茂地参与了情景模拟	参与了情景模拟	没有参与情景模拟	☆☆	☆☆
和同伴一起设计了多项实用的、新颖的、有创意的推行“零排放的等待”的实践活动	和同伴一起设计了推行“零排放的等待”的实践活动	没有完成设计	☆☆	☆☆
在讨论过程中积极主动，善于表达自己的见解	参加了讨论，但是没有很好地表现自己	没有参与讨论	☆☆	☆☆
星数总计				

等第	优 13★～16★	良 9★～12★	合格 6★～8★	须努力 1★～5★

小组同学的鼓励与期望：

教师评价：

活动 4 拼车出行辩论赛

如今，空气污染越来越严重，汽车尾气的排放是很重要的一个因素。而拼车出行可以提高汽车利用率。拼车出行，不但可以减少尾气排放，减少空气污染，还可以提高汽车利用率，使路上行驶的车辆减少，缓解交通压力。

拼车出行可以帮助人们扩大交际圈，拉近人与人之间的距离。上下班拼车加强人们沟通，回家过节拼车双方获利，父母拼车接送孩子可以省力，自驾游拼车更是有利于我们找到志同道合的朋友。

在建设节约型社会的当口，减少城市的汽车保有量，减少能源消耗和降低环境污染，拼车上班更有它的合理性和必要性，它让一部分搭车人放弃购车计划，从根本上减少了城市交通压力。

活动任务 拼车出行辩论赛

正方预设论据：对于民众来说，拼车出行较不拼车可以节约钱财，带来便利，而且更舒适。拼车出行可以满足人们的需求，解决公交车太绕太挤的问题，也可以解决打车难的问题，让人们在舒适的环境下，快捷高速地到达目的地。拼车出行低碳环保，有利于缓解交通压力。

反方预设论据：拼车引发社会矛盾，现在很多打车软件，如滴滴打车、嘀嗒拼车等，让出租车司机面临生意惨淡的窘境。拼车隐藏着许多法律风险，如拼车过程出现车祸时如何处理、双方责任如何分担，这在目前都没有相应的法律规范。

拼车出行辩论赛

论点列举

正方：

反方：

活动评价表

量规			自我评价	小组评价
★★	★☆	☆☆		
辩论中善于组织语言表达观点，能够提出有力的论据	辩论中能够提出较为有力的论据	辩论中提出的论据不太成立	☆☆	☆☆
辩论中能够帮助友方辩手，提出有力的论据	辩论中帮助友方辩手应对对方辩手的质问	没能帮助友方辩手	☆☆	☆☆
在讨论中能提出有价值的问题	在讨论中能倾听他人提出的问题	没有参与讨论	☆☆	☆☆
星数总计				
等第	优 10★~12★	良 8★~9★	合格 5★~7★	须努力 1★~4★
小组同学的鼓励与期望：				
教师评价：				

活动5 解决拥堵创意设计

一、解决拥堵创意设计

随着城市里私家车连年增多，车多了堵车自然就多。眼看一条条宽阔的马路成为巨大的停车场，除了火爆型、抱怨型司机心急火燎或怨天尤人之外，也有心宽、幽默的司机族，苦中作乐，发明和创造了“塞车文化”。

活动任务 1 说说堵车的原因

大面积的堵车，背后总是有原因的。小组讨论一下，造成城市道路车辆拥堵，可能会是哪些原因呢？

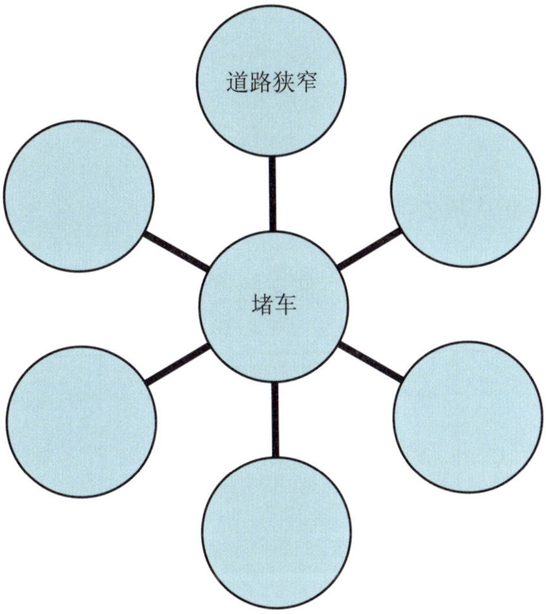

活动任务 2 了解拥堵坏处多

最近你有没有遇到过堵车现象？在小组中开展讨论：在堵车时，若你是司机，你的感觉怎么样？若你是乘客，你的感觉怎么样？

一清早上班，堵车了！		
司机的感受	乘客的感受	其他坏处
1. 2. 3. 4.	1. 2. 3. 4.	1. 2. 3. 4.

二、畅想流行色交通

交通工具，交通拥堵，每天都会造成一定的大气环境污染。其实，破解交通环保难题，我们的国家和政府也采取了一些措施来治理交通污染，我们一起来了解一下。

1. 实行单双号制度，限制进入市区的车辆，减少污染。
2. 让汽车“食用”清洁无污染的汽车燃料。
3. 生产出新型电池、太阳能汽车。
4. 高科技为汽车降污。
5. 天然气燃料汽车。
6. 已经通车的磁悬浮列车。

活动任务1 起草减少拥堵建议书

你们有什么好方法减少拥堵的天数，使交通更畅通呢？小组讨论，完成建议书。

对交通设备的建议	对道路的建议	对人类的建议

活动任务 2 畅想绿色交通（绘画 / 作文 / 列表 / 方案）

通过绘画、作文等方式设计、畅想绿色交通（交通工具、交通设备）。

（预设：空中人行道、非机动车道；大型两层公交车进入市区，下层是巨大的车轮，车轮下可以让小型的汽车通过……）

绿色交通

活动评价表

量 规			自我评价	小组评价
★★	★☆	☆☆		
讨论中善于组织语言表达观点，能够倾听他人发言	善于倾听他人意见，很好地当了一回小听众	没有参与讨论	☆☆	☆☆
认真观看录像并且提出了有价值的问题和想要研究的内容	认真观看了录像但是没有进行思考	没有认真观看录像	☆☆	☆☆
回答问题积极主动正确，善于表达自己的见解	回答了问题，大致正确	没有回答问题	☆☆	☆☆
完成了“畅想绿色交通”的任务	大致完成了“畅想绿色交通”的任务	没有完成“畅想绿色交通”的任务	☆☆	☆☆
星数总计				
等第	优 13★~16★	良 9★~12★	合格 6★~8★	须努力 1★~5★
小组同学的鼓励与期望：				
教师评价：				

参考文献

江西省水资源管理中心，2015．节水知识科普读物［M］．北京：水利水电出版社．

科瓦奇，2013．科瓦奇讲植物［M］．贵阳：贵州教育出版社．

李元红，2011．雨水集蓄利用工程技术［M］．郑州：黄河水利出版社．

伍业刚，唐剑武，潘绪斌，2015a．生物多样性［M］．北京：高等教育出版社．

伍业刚，唐剑武，潘绪斌，2015b．水系与流域［M］．北京：高等教育出版社．

伍业刚，唐剑武，潘绪斌，2015c．全球气候变化［M］．北京：高等教育出版社．

伍业刚，唐剑武，潘绪斌，2015d．生态可持续性［M］．北京：高等教育出版社．

中国气象局，2015．中国气象灾害年鉴（2014）［M］．北京：气象出版社．